AF247182

RÉPONSE

178 -- Grenoble, impr. de Prudhomme. — A.

RÉPONSE

A QUELQUES ATTAQUES PUBLIÉES

CONTRE LA MÉMOIRE

DE MONSIEUR CARTELLIER

ANCIEN CURÉ DE SAINT-JOSEPH, DE GRENOBLE

PAR LE JOURNAL

NOTRE — DAME — DE — LA — SALETTE

Imprimé à **MURET (Haute-Garonne)**,

etc., etc.

« Curam habe de bono nomine :
» hoc enim magis permanebit tibi,
» quàm mille thesauri pretiosi et
» magni. »
(Ecclesiast., c. 41, v. 15.)

« Prends soin d'une bonne réputa-
» tion : car ce bien sera plus durable,
» pour toi, que mille trésors grands
» et précieux. »

GRENOBLE

LIBRAIRIE DE PRUDHOMME, RUE LAFAYETTE, 14.

—

1867

AVANT-PROPOS.

IL y a plus d'un an qu'un inqualifiable esprit de haine et de dénigrement s'est acharné contre la mémoire d'un membre de notre famille. — Depuis le 1er octobre 1865, jusqu'au 16 décembre 1866, chaque mois presque nous a apporté un de ses traits envenimés.

Cet esprit se couvre du voile de la dévotion et prend le nom de zèle religieux. Mais nous, qui connaissons mieux que personne les dispositions, les intentions et les actes du prêtre attaqué, notre frère, nous protestons que c'est l'esprit de mensonge ou d'illusion qui le poursuit.

Un autre membre de notre famille a tenté plusieurs fois de ramener l'agresseur à la justice et à la vérité ; mais, au lieu d'aboutir à quelque chose de bon, ses efforts n'ont fait que l'irriter et l'enflammer davantage, contre la victime qu'il a résolu, à tout prix, d'immoler à son opinion. Son acharnement n'a point de fin ; il continue et renouvelle sans cesse ses attaques, sans aucune raison ni provocation.

Comme le mensonge souvent répété laisse toujours quelque chose dans le public, nous nous voyons contraints, à notre grand regret, de protester publiquement. Nous le faisons ensemble, en famille, parce que notre douleur est commune.

Le Journal *Notre-Dame-de-la-Salette*, qui s'est fait le

propagateur et le complice du dénigrement et de l'attaque, ayant fermé ses colonnes à la rectification et à la défense, nous avons dû recourir au mode de publicité que nous adoptons aujourd'hui. — Nous nous bornerons à présenter le résumé des accusations fausses portées contre notre frère aîné, — des procédés employés et de la conduite tenue envers son défenseur, — des protestations et des réponses que nous y opposons. — Les âmes honnêtes jugeront.

Plusieurs honorables amis de notre frère, ecclésiastiques et laïques, ayant voulu participer à cette œuvre de réparation et de justice, quelle que fût d'ailleurs leur opinion relativement à la Salette, nous avons accepté avec reconnaissance leur utile et bienveillant concours. Une très-grande partie de ce travail leur appartient.

Les éloges, surtout, donnés à notre frère sont exclusivement d'eux. Malgré notre répugnance, il nous a paru nécessaire de les accueillir. Le dénigrement acharné et persévérant nous y a forcés : *Vos me coegistis.*

Ces quelques pages que nous offrons au public sont donc à la fois une œuvre de famille et d'amitié, et, encore plus, une œuvre de justice, de conscience et de vérité.

Nous n'avons nullement l'intention d'en faire une pièce littéraire, encore moins un acte d'opposition.

Toute la raison de cette publication se trouve dans le droit et la nécessité d'une légitime défense, et dans le conseil de la Sagesse divine qui sert d'épigraphe :« *Prends soin d'une bonne réputation : car, ce bien sera plus durable, pour toi, que mille trésors grands et précieux.*

Janvier 1867.

Les membres de la famille Cartellier.

§ Ier.

Agression partie de Muret le 1ᵉʳ octobre 1865.

Un journal intitulé *Notre-Dame de la Salette*, imprimé à Muret (Haute-Garonne), et paraissant deux fois par mois, avait publié, dans son numéro du 1er octobre 1865, les lignes qui suivent :

« Les opposants à la Salette viennent de faire une perte
» bien remarquable et qui a *déjoué une secrète et triste
» conspiration* contre le miracle. — Vous savez que les *cin-
» quante* prêtres opposants du diocèse de Grenoble avaient
» pour chefs deux curés. L'un d'eux, *croyant d'abord*, puis,
» ayant été interdit pour autre cause, se joignit à l'autre, qui
» le reçut *comme un bras destiné à frapper les grands
» coups, et comme un bouclier qui recevrait et arrêterait
» à lui les foudres épiscopales.

» Le premier était facile à lancer à cause de son ardeur, de
» son caractère passionné, et de l'inconsidération qui accom-
» pagne toujours cette manière d'être.

» Le second, au contraire, était un homme froid, réservé,
» circonspect, tenace, fournissant une soumission extérieure,
» restant toujours le même à l'intérieur, et agissant constam-
» ment de manière à échapper aux peines ecclésiastiques et à
» tout ce qui aurait pu porter atteinte à sa position.

» Ces curés avaient fait beaucoup de bruit en 1853, 1854 et
» 1856 ; on les avait réfutés *sans réplique aucune de leur
» part*. Le plus ardent d'entre eux s'était enfoncé plus avant
» dans la mauvaise voie où il était entré...... L'autre, au
» contraire, par suite de sa prudence, était resté à la tête de
» sa paroisse.

» *Un personnage haut placé avait composé dernièrement*
» *un ouvrage contre le miracle de la Salette, et il désirait*
» *le soumettre au chef suprême des opposants du diocèse*
» *de Grenoble. A cet effet, il confia ce manuscrit à un cha-*
» *noine qui se rendait dans une ville d'eaux, et devait s'y*
» *entendre avec le curé en question. — Qu'advint-il de tout*
» *cela? Il arriva que le curé, parvenu à sa destination, y*
» *mourut presque subitement, avant d'avoir pris connais-*
» *sance du manuscrit; — que le chanoine, effrayé, s'em-*
» *pressa de retourner chez lui, sans pouvoir arriver,*
» *parce qu'il mourut en route; ce fut ainsi que tomba cette*
» *triste conspiration.*

» *La Sainte Vierge est, à la vérité, d'une bonté extrême,*
» *mais son Fils punit sévèrement, et tôt ou tard, ceux qui*
» *entravent l'action miséricordieuse et sanctifiante de sa*
» *Mère, qui arrêtent par là la grâce prête à déborder sur*
» *la pauvre humanité, et qui font ainsi continuer et pro-*
» *gresser la prévarication générale dans laquelle nous*
» *sommes plongés, et le règne du démon dans le monde.*

» *Que cet exemple, qui est tout récent, puisqu'il a eu*
» *lieu cet été, fasse réfléchir les incroyants et opposants*
» *qui se trouvent encore, et qu'il leur inspire une crainte*
» *salutaire qui sera pour eux le commencement de la sa-*
» *gesse* ([1]). »

Ces lignes étaient remplies d'inexactitudes et d'erreurs. Elles
contenaient surtout, à l'adresse d'un digne curé de la ville de
Grenoble, des imputations odieuses qui blessaient à la fois la
vérité, la charité, et l'honneur sacerdotal, l'honneur sacerdotal si estimé d'un empereur chrétien, qu'il disait :

« Si je surprenais dans le crime un prêtre du Seigneur, j'ac-
» courrais pour le couvrir de mon manteau. »

« Belle et sage leçon, observe un auteur grave, pour ces

([1]) *Notre-Dame de la Salette*, Journal religieux, imprimé à Muret
(Haute-Garonne), n° 101, page 820, 1er octobre 1865. — L'article était signé
A. Nicolas (Amédée Nicolas, de Marseille), qu'il faut avoir soin de ne
pas confondre avec M. Auguste Nicolas (de Bordeaux), l'illustre auteur
des *Études philosophiques*, etc. — Cette confusion ne ferait pas une part
égale aux deux personnages, et pourrait nuire à la cause que nous
défendons.

» esprits pervers, avides de scandale, qui sont toujours em-
» pressés de rechercher et de publier les misères du clergé! »
— Belle et sage leçon, à plus forte raison, pour ceux qui auraient la noirceur de le calomnier (¹)!

Quiconque a le sens chrétien et estime à sa juste valeur le
prix et l'importance de l'honneur du sacerdoce, comprendra
donc que, dans la famille sacerdotale, c'était pour tous, à des
degrés divers, un droit et même un devoir d'avertir de sa
méprise ou de sa faute le journal de Muret, et de le prier de la
réparer.

En conséquence, le 16 décembre 1865, une lettre de rectification fut envoyée au directeur du journal *Notre-Dame de la
Salette*, par un prêtre du diocèse de Grenoble, à la fois vicaire
et frère de celui qui avait été calomnié. En voici la teneur :

« Monsieur le Rédacteur,

» Votre numéro du 1ᵉʳ octobre dernier contient une lettre
» signée A. Nicolas, qui renferme, entre autres choses regret-
» tables dont je n'ai pas à m'occuper, des insinuations telle-
» ment offensantes pour une mémoire chère et vénérée, qu'il
» ne m'est pas possible de les laisser passer sans une protesta-
» tion énergique, réclamée autant par la justice et la vérité
» que par l'affection fraternelle.

» Elle ne sera d'ailleurs qu'un écho affaibli de l'indignation
» et de la douleur que ces lignes malheureuses ont soulevées
» dans l'âme des nombreux amis de mon frère.

» Car c'est mon frère, Monsieur, qu'on a voulu désigner par
» ce prêtre mort récemment dans une *ville d'eaux*, comme
» frappé de la main de Dieu..... Les allusions sont tellement
» transparentes, qu'il n'est pas possible de s'y méprendre.

» Mon frère, l'abbé Cartellier, curé-archiprêtre de Saint-

(¹) Constantin n'avait nullement l'intention de soustraire les coupables
à la vigilance des supérieurs et à la juste sévérité des lois et des ca-
nons. Sa pensée était qu'il est bon et sage d'observer une espèce de
huis-clos charitable et moral, afin d'éviter le scandale inutile dont la
malice abuse, et qui est si souvent fatal au peuple. — Cham fut maudit
pour avoir révélé inutilement et malicieusement la honte de son père.

» Joseph, de Grenoble, est mort effectivement à Vichy, le
» 13 juillet 1865, mais dans des circonstances bien différentes
» de celles alléguées par votre correspondant ; et il me suffira,
» pour faire justice de son regrettable récit, de rétablir la vérité
» des faits. C'est d'ailleurs mon droit et mon devoir, quelles
» que puissent être mes répugnances.

» Mon frère est mort, non pas subitement, mais à la suite
» d'une longue maladie dont il suivait comme mathématique-
» ment les progrès, et qui depuis longtemps l'amenait chaque
» année à Vichy, où son souvenir est précieusement conservé
» par plus d'un personnage honorable et important que je
» pourrais vous nommer. Il est mort muni de tous les sacre-
» ments de l'Eglise, qu'il a reçus avec cette foi solide et sou-
» mise, et cette piété droite et sincère qu'on lui connaissait. Il
» est mort entouré de ses confrères, qui l'ont assisté avec un
» empressement touchant et une charité vraiment fraternelle,
» leur laissant, ainsi qu'aux bonnes sœurs aux soins desquelles
» il avait été confié, une impression de respect et d'édification
» qu'ils ont plusieurs fois manifestée de vive voix et par écrit.
» Il est mort articulant, comme dernier témoignage de sa con-
» fiance et de sa foi, les noms bénis de Jésus, de Marie et de
» Joseph. Tous ces détails, que j'ai dû recueillir pour ma con-
» solation, sont établis sur les autorités les plus graves et les
» plus respectables, et sur des preuves écrites que je pourrais
» exhiber en temps et lieu.

» Et c'est cet homme, M. le Rédacteur, que votre té-
» méraire correspondant ose faire mourir presque en ré-
» prouvé ! Car le dernier alinéa de sa lettre ne laisse aucun
» doute sur ses intentions. Ah ! Monsieur, comment la main
» ne lui a-t-elle pas tremblé, quand il a écrit ces lignes auda-
» cieuses où, se mettant à la place du Souverain Juge, il se
» permet de prononcer sur le sort des âmes, et de ranger
» parmi les éternels ennemis de Dieu, un homme qui l'a servi
» pendant près de quarante ans du plus laborieux et du plus
» irréprochable ministère ?

» J'en appelle, Monsieur, de cette injuste et révoltante sen-
» tence, devant toute la ville de Grenoble, où mon respectable
» frère jouissait de la réputation la meilleure et la plus solide-
» ment établie ; devant toute sa paroisse, pour qui sa mort a
» été comme un deuil de famille, et qui s'occupe en ce moment

» de lui élever un pieux et touchant monument. J'en appelle
» devant cette foule consternée allant, sans invitation aucune,
» au-devant de son corps jusqu'à la gare, à plus d'un kilo-
» mètre, malgré l'heure bien avancée de la nuit, et passant en
» quelque sorte, auprès de ses restes vénérés, la veillée fu-
» nèbre ; devant cette affluence immense de tous les âges et de
» toutes les conditions se pressant à ses funérailles ; devant
» cette imposante assistance de près de cent prêtres accourus
» de la ville et des environs pour rendre à un confrère vénéré
» un dernier hommage d'estime et de regrets. J'en appelle
» surtout à ces pauvres, l'objet particulier de sa prédilection
» et de ses soins, ces pauvres qu'il a tant aimés et auxquels il
» a tout donné (et je l'en bénis et l'en remercie), oui tout,
» jusqu'à ne laisser, après vingt-cinq ans d'administration
» dans une des paroisses les plus importantes de la ville,
» qu'une somme de mille francs pour subvenir aux frais de
» ses funérailles, qu'il savait très-bien devoir être prochaines.

» Non content de damner cette âme en faveur de laquelle
» s'élèvent tant de témoignages, et que Dieu aura reçue,
» j'espère, avec miséricorde, votre correspondant veut désho-
» norer le caractère de mon frère en le montrant pourvu des
» ruses, des dissimulations, du savoir-faire de l'habileté hu-
» maine et de l'hypocrisie, lui qui fut, comme chacun le sait
» et le proclame ici, l'homme le plus droit, le plus ingénu, le
» plus sincère et le plus loyal qui fût jamais ; en le représentant
» comme un lâche et un égoïste, qui cherche à s'abriter der-
» rière les autres, lui qui s'est le plus découvert et qui a porté
» le plus loin le courage de ses convictions.

» Et, pour couronner tout cet échafaudage d'accusations in-
» justes et d'insinuations odieuses, on imagine je ne sais quelle
» conspiration qui n'a existé que dans le cerveau malade de
» l'inventeur. On fait revivre un vénérable chanoine *mort de-*
» *puis six ans* ; on le fait mandataire de je ne sais quel grand
» personnage, et porteur d'un manuscrit que mon frère devait
» réviser ; on trouve dramatique de le faire mourir de nouveau
» pour l'envelopper dans le même châtiment, parce qu'il était
» complice du même crime. On accumule ainsi mensonges sur
» mensonges, et tout cela parce que mon frère ne partageait pas
» le sentiment de votre correspondant.

» En vérité, comment peut-on penser servir les intérêts

» d'une cause en employant de pareils moyens! Aussi, Mon-
» sieur, que votre correspondant sache bien que ce ne sont
» pas seulement les amis de mon frère qu'a révoltés sa misé-
» rable élucubration, mais tout ce qu'il y a d'honnête, de ju-
» dicieux, de grave et de plus autorisé dans toutes les opinions.
» J'ai reçu à cet égard les témoignages les plus nombreux et
» les plus élevés.

» Vous vous empresserez sans doute, Monsieur, de dégager
» votre responsabilité de cette œuvre impie et mensongère, en
» accueillant ma réclamation dans vos colonnes où l'attaque
» s'est produite, et vous réparerez ainsi l'injustice dans la me-
» sure de vos forces. Je l'attends, Monsieur, de votre justice
» d'honnête homme et de votre conscience de chrétien.

» Dans cette espérance, j'ai l'honneur d'être, etc.

» Antoine CARTELLIER, *curé de Poliénas (Isère)*. »

Cette lettre, nous l'avons dit, était, de la part de M. Antoine Cartellier, l'accomplissement d'un devoir. Elle ne contenait que la vérité, exprimée en termes convenables. Car il était faux, nous le répétons, que le vénérable ecclésiastique, auquel s'adressait l'allusion, fût allé *dans une ville d'eaux*, dans le but *d'une conjuration quelconque*.

Condamné chaque année par les médecins à prendre les eaux de Vichy, il ne s'y résignait qu'à contre-cœur, parce que c'était là une occasion de dépenses qui diminuaient d'autant la part des pauvres nombreux de sa grande paroisse. — L'été de 1865, en particulier, il avait subi sa condamnation annuelle avec plus de peine que jamais, sur les instances réitérées de sa famille et de ses amis, et par ordre plus pressant et plus formel des médecins. — Pour éviter le voyage lointain de Vichy, il voulut même essayer des eaux de Vals, plus rapprochées de Grenoble. — Connaissant parfaitement le danger de son état, il avait pris la sage précaution de faire son testament. — Enfin, une fluxion de poitrine survenue à la suite d'un refroidissement qui s'est compliqué avec sa première et grave maladie, l'a emporté à Vichy, où sa mort a été tranquille et édifiante comme sa vie.

Et ce sont ces faits si simples et si naturels qu'on a transformés en drames effrayants, en sévères et visibles châtiments du ciel, en signes de réprobation! En vérité, quand on pense que toute *cette triste conspiration..., ce personnage haut placé qui a composé un ouvrage contre la Salette..., ce manuscrit confié à un chanoine qui doit le soumettre au chef suprême des opposants de Grenoble..., ce dernier qui se rend à Vichy en conspirateur, et qui est frappé de mort par le Fils de la Vierge Marie, avant même d'avoir pu toucher au manuscrit..., le chanoine qui se sauve effrayé et que la colère du ciel foudroie aussi en route,* etc.; quand, dis-je, on pense que tout cela n'est qu'une série de fables, sans l'ombre de fondement, inventées, colportées, publiées à son de trompe, on sait pourquoi! on se sent attristé à la vue de cette audace.—La tristesse et l'étonnement tournent à l'indignation, en apprenant que ces coupables inventions ont été substituées à des détails aussi vrais qu'édifiants, que l'on ne peut avoir ignorés, et sur lesquels on s'est même efforcé, comme on le verra bientôt, d'appeler le silence des témoins.—De pareils procédés ne peuvent qu'enlever toute considération et confiance à ceux qui les emploient.

Toutefois, on est en droit de se demander pourquoi les inventeurs de ce drame odieux n'ont pas fabriqué une scène de plus. Comment le *personnage haut placé,* lui, le plus coupable de tous, puisqu'il serait *l'auteur du récent ouvrage contre le miracle de la Salette,* n'est-il pas frappé de la colère divine? — Pourquoi le subalterne, le simple commissionnaire et *porteur du manuscrit,* et le prêtre de Grenoble qui ne *l'avait pas même encore touché,* sont-ils punis seuls? et punis de la peine de mort!!! Et cela pour avoir, d'après le récit même de leurs accusateurs, simplement répondu à l'appel d'un haut dignitaire ecclésiastique, sans doute d'un prélat, désireux d'obtenir un avis relatif à l'ouvrage qu'il avait jugé à propos d'écrire sur une question religieuse ! — Puisqu'on visait à l'effet, sans s'inquiéter de la vérité, ni même de la vraisemblance, quel effet n'eût pas produit la vue d'un évêque, peut-être d'un archevêque, frappé aussi de la main de Dieu, et étendu raide mort sur la scène, à côté du chanoine et du curé de Grenoble!!! Cela ne coûtait pas plus, et eût été aussi vrai que le reste. — Peut-être a-t-on craint que la notoriété du personnage ne fit trop facilement ressortir celle du mensonge.

Il nous semble que si, surpris et trompés, nous avions eu le malheur, comme la feuille *religieuse* de Muret, d'être mêlés à des choses si odieuses, nous nous serions estimés heureux de les voir démentir, et de pouvoir dégager notre responsabilité, en rentrant dans cette voie de *la vérité* et de *la charité* que recommandait sans cesse à ses disciples l'Apôtre à la fois le plus aimé de Jésus et le plus dévot à Marie (¹). On serait aussitôt arrivé à la paix qui édifie.

Le journal *Notre-Dame de la Salette* n'ayant pas jugé à propos d'agir ainsi, et ne s'empressant pas de faire droit à la réclamation de M. le Curé de Poliénas, ce dernier s'est vu dans la nécessité de lui en adresser une seconde ainsi conçue :

« 12 janvier 1866.

» Monsieur l'Administrateur du journal, etc.,

» Vous conviendrez que j'ai attendu assez patiemment les » explications de M. Nicolas, que me faisait espérer votre » lettre du 20 décembre dernier. — Manifestement, *l'éminent* » *auteur de la Salette vengée* se tait parce qu'il n'a rien de » valable à dire. Il ne peut pas en effet prétendre, comme vous » le voudriez vous-même, que son *opinion a pris sa source* » *à des communications tout à fait étrangères à la mé-* » *moire de mon frère*, vu que les imputations calomnieuses » que je repousse ne peuvent aller à une autre adresse. La » preuve, puisqu'il vous la faut, c'est que mon frère est le seul » prêtre, non-seulement de la ville, mais du diocèse de Gre- » noble, qui soit mort, l'été de 1865, dans une *ville d'eaux.* » De plus, mon frère était un incroyant notoire à la Salette, et » il est notoire aussi que cette classe d'hommes est singuliè- » rement antipathique à votre feuille et à M. Nicolas. Je crois » cette preuve claire et décisive. Qu'en pensez-vous, Monsieur » l'administrateur ?

» Votre fin de non-recevoir est donc inacceptable, et ma ré- » clamation reste dans toute la plénitude de ses droits.

» En conséquence, je réitère mon appel à votre justice d'hon- » nête homme et à votre conscience de chrétien, et je requiers

---

(¹) S. Joan., 2 *Epist.*, v. 3 ; — 3 *Epist.*, v. 4.

» de nouveau, au nom des droits sacrés de la vérité, de la
» justice et de l'honneur sacerdotal, l'insertion de ma lettre
» du 16 décembre 1865 dans le plus prochain numéro de votre
» feuille. Faute de quoi, j'aviserai.

» J'ai l'honneur d'être, etc.

» A. C., *curé de Poliénas.* »

Les *injonctions* que contenait cette seconde lettre, avoue le
journaliste de Muret, *lui ont imposé une obligation à laquelle
il n'a pas absolument pu se soustraire plus longtemps.* — La
réclamation ainsi imposée finit donc par être insérée et publiée
dans le numéro du 20 janvier 1866. Mais le journaliste le re-
grette, parce que, dit-il, *les discussions conviennent peu à
la Sainte Vierge, que l'Église appelle* dulcedo, *la douceur
même.* Tardive réflexion !... Pourquoi ne l'a-t-il pas faite
avant d'ouvrir lui-même la discussion par son déplorable article du 1er octobre 1865, qui constitue l'agression la plus gratuite et la plus outrageante? — Bien plus, changeant adroite-
ment de rôle, il déplore la *forme agressive de la lettre* de
rectification et de défense, tandis qu'il ne trouve pas un
mot de blâme pour l'acte diffamatoire d'un correspondant,
qui partage ses opinions et paraît avoir toute son admira-
tion. Il se contente de dire, au sujet de son article si outrageant, *que l'éminent auteur de la Salette devant la raison
et le devoir d'un catholique, a fait allusion à un prêtre
antagoniste de la Salette dont le nom est bien connu, et a
rapporté quelques circonstances de sa mort.* — Quoi ! vous
n'avez rien de plus à dire d'un agresseur si violemment injuste?
Vous vous en faites le complice? — Il n'y a pas de croyance ni
de vocable qui dispensent de suivre les règles de la charité et
de la justice !

Quant à l'agresseur lui-même, M. Amédée Nicolas, il est
irrité, soulevé et comme suffoqué de ce qu'on lui arrache le
mort qu'il veut déshonorer. Il a, dit-il, *besoin d'en appeler à
Philippe à jeun et à froid* (sic).

On s'en aperçoit. Il fait affirmer d'abord péremptoirement,
dans le numéro du 20 janvier, *qu'il n'a rien à rétracter.*
Quelques jours après, le 1er février, il avoue *que n'étant jamais allé dans une ville d'eaux, et ne se trouvant pas de*

passage à Grenoble en juillet 1865, il n'a rien pu constater par lui-même ; il doit se livrer à la vérification des renseignements sur lesquels il a basé son agression. — Cette vérification, toutefois, *ne devait avoir lieu qu'au printemps ou à l'été prochain,* c'est-à-dire, dans quatre, cinq ou six mois !

Comment, Monsieur ! vous commencez par perdre les gens à l'aide de récits mensongers que vous livrez à la plus grande publicité, puis, quand vous avez fait un mal irréparable, vous annoncez que vous vous livrerez à la rectification des renseignements que vous avez reçus? Mais c'est par-là que vous auriez dû commencer : le sentiment de la plus vulgaire morale vous en faisait un devoir (¹) !

Les éloges donnés au respectable défunt de Vichy importunent et blessent M. Nicolas. Chassé par la vérité d'auprès de son lit de mort, où tout s'est passé avec édification, il menace de se rabattre *sur une portion de sa vie, de 1846 à 1865.* — Son œil troublé aperçoit toutes sortes de choses, dans la lettre de rectification que le journal a été forcé de publier : un *pavé gros comme une montagne* lancé contre lui, et sous lequel, cependant, *il ne faut pas le croire écrasé; — un piédestal* érigé en l'honneur de sa victime; — par contre-coup, une *accusation,* et comme une machine de guerre dressée *contre de hauts et saints personnages qu'on veut abaisser et ravaler,* etc., etc. (²).

Ces étranges incohérences, on le voit, changeaient, dénaturaient et bouleversaient tout. Le calomniateur devenait le calomnié; l'oppresseur, l'opprimé; l'agresseur prenait la place de la victime et criait plus haut qu'elle.

Attribuant ces excentricités à l'irritation dont M. Nicolas avait eu soin de nous prévenir, en disant qu'il avait besoin

---

(¹) Déjà, dans son premier ouvrage qui a eu deux éditions, M. Nicolas, égaré par des renseignements inexacts, a publié des choses fausses. Il l'avoue aujourd'hui, p. 143 de son dernier livre, intitulé : *Esprit de l'opposition,* etc. Mais, que de personnes ont pu être trompées par les deux éditions du premier ! — Pourquoi écrire si vite et publier si légèrement ? — Quand il s'agit de vérifier ce qu'il a publié et d'en rechercher la vérité, M. Nicolas, on vient de le voir, ne va pas si vite !

(²) Journal *Notre-Dame de la Salette,* 20 janvier et 1ᵉʳ février 1866.

d'en *appeler à Philippe à jeun et à froid*, nous dûmes attendre qu'il eût repris ses sens et retrouvé le calme. Il promettait, d'ailleurs, une *réponse foncière* qui parut le 16 février 1866. Or, dans cette *réponse foncière*, M. Nicolas se plaignait à la fois du *ton et du contenu* de la lettre de réclamation ; il aurait désiré qu'elle lui *eût été adressée directement* et sans bruit, au lieu *de recourir à la publicité du journal :* comme si la publicité était le privilège exclusif de l'agression et de la diffamation ! — Il répète le reproche qu'on veut *relever et exalter outre mesure la mémoire d'un mort, pour abaisser et ravaler celle de plusieurs vivants :* comme si, en prouvant que M. Cartellier n'est pas mort d'une *manière effrayante*, en *conspirateur, frappé de la colère divine*, cela pouvait nuire à quelqu'un ! — Il renouvelle la menace, si on justifie la mort, de se rabattre sur *une portion de la vie*... Quel esprit brouillon et inquiet, au sens de l'Apôtre ! Quelle aveugle passion de dénigrement et de querelles à tout prix ! — Il consent, cependant, *à retarder ses publications*, à donner un sursis, pour que, sans doute, on puisse le prier de se taire ! Un dévot qui ne calomniera et ne diffamera plus, à la condition qu'on se mettra à ses genoux !

Quant aux accusations portées contre moi, ajoute M. Nicolas, *rien ne les motive. Je n'ai pas écrit ce qu'on met sous ma plume ; — je n'ai pas fait des insinuations offensantes qui puissent donner lieu à la douleur et à l'indignation des parents et des nombreux amis du défunt. — M. le Curé de Poliénas me reproche d'avoir fait de son frère un hypocrite ; mais ce que j'ai dit est tout le contraire de l'hypocrisie !* — « Je suis accusé d'avoir imaginé *une conspiration* » *et accumulé mensonges sur mensonges, et je réponds :* » *j'ai tout reçu d'ailleurs avec de bien plus grands détails* » *que, par ménagement, je n'ai pas publiés ; donc on ne* » *peut justement me taxer d'avoir fait une œuvre menson-* » *gère...* » Quelle logique ! Quelle *morale immorale !* pour renvoyer à M. Nicolas un de ses traits. Accueillir, publier le mensonge, la calomnie, ce n'est pas faire une œuvre mensongère, diffamatoire !

Achevons ces incroyables citations. *On m'accuse*, continue M. Nicolas, *d'avoir fait mourir celui dont il s'agit comme un réprouvé..., de l'avoir montré frappé de la main de*

Dieu... Mon article du 1er octobre 1865 ne contient rien qui juge et réprouve celui dont il s'agit. — *Au reste, dans un de mes ouvrages,* bien antérieur à tout cela, *j'ai écrit, page 378 : « Nous ne nous permettrons pas de juger les » consciences. Dieu seul est juge* (¹). »

En présence de pareilles dénégations, M. le Curé de Poliénas crut devoir essayer encore de faire comprendre à ses adversaires leur illusion et la justice de sa réclamation. Dans ce but, le 2 mars 1866, il adressa au journal de Muret la lettre suivante :

« Poliénas, le 2 mars 1866.

» Monsieur le Rédacteur,

» Vous avez déjà inséré contre nous, dans votre journal, » trois articles de M. Nicolas, sans compter vos propres en- » trefilets si laudatifs à son endroit. J'espère que votre » impartialité vous fera un devoir d'accorder l'hospitalité de » vos colonnes à la réponse qu'exige de moi ce que M. Nicolas » vient de publier dans votre numéro du 16 février.

» Je ferai d'abord observer à l'auteur de *la Salette, etc.,* » que ce qu'il a écrit antérieurement, *dans la seconde édition* » *de son livre, pages 378 et autres,* ne fait absolument rien à » son article du 1er octobre 1865, et ne l'empêche pas, évi- » demment, d'avoir son sens naturel et *obvie* (²). Or, permettez- » moi de vous le redire, dans cet article M. Nicolas avait » avancé, entre autres choses, qu'au mois de juillet dernier » mon frère *faisait partie d'une secrète et triste conspira-* » *tion contre le miracle de la Salette ;* — *laquelle conspira-* » *tion avait été heureusement déjouée par sa mort ;* — » *qu'un personnage haut placé avait composé alors un ou-*

(¹) Journal *Notre-Dame de la Salette*, 16 février et 1er avril 1866.

(²) M. Nicolas consacre une note à critiquer l'emploi du mot *obvie, qui n'appartient, dit-il, qu'au langage théologique.* — On le trouve ailleurs et dans des écrits en vogue et très-soignés, soit pour le fond, soit pour la forme. — Au reste, quel inconvénient y aurait-il, quand même l'emprunt aurait été fait au langage théologique, dont la clarté et la précision conviennent si bien aux discussions et à la polémique?

» vrage dans le même but ; — que ce personnage avait
» confié son manuscrit à un chanoine se rendant dans une
» ville d'eaux, à Vichy, et chargé de le soumettre à mon
» frère et de se concerter avec lui ; — que mon frère était
» mort presque subitement, avant d'avoir pu toucher le
» manuscrit coupable ; — que le chanoine, frappé et effrayé
» de cette mort, avait soudain pris la fuite, mais qu'il était
» mort lui-même en route, sans avoir pu arriver chez lui ;
» — ainsi était tombée cette triste conspiration.

» Le but de ces lignes était de lui-même évident et palpable :
» l'auteur voulait faire croire à une faute grave de la part de
» mon frère, et à un châtiment terrible du ciel qui l'aurait
» surpris, arrêté et frappé dans son péché même, avec son com-
» plice. — D'ailleurs, pour que personne ne pût en douter et
» s'y méprendre, l'auteur de l'article avait eu soin d'ajouter : que
» le Fils de Marie punit sévèrement tôt ou tard ceux qui en-
» travent l'action miséricordieuse de sa Mère ; — et que cet
» exemple tout récent devait faire réfléchir les incroyants
» et opposants à la Salette, et leur inspirer une crainte
» salutaire, qui serait pour eux le commencement de la sa-
» gesse...

» Or, de tout ce qui précède, il n'y avait de vrai qu'une chose,
» c'est que mon frère était mort à Vichy. Ajoutez, ce qui a
» été malheureusement omis (¹), en bon prêtre, et d'une fluxion
» de poitrine survenue à la suite d'un refroidissement, et
» surajoutée à une très-grave maladie qui le minait depuis
» plus de dix ans et qui touchait à son terme, au jugement de
» ses médecins. — Quoi de plus simple, de plus naturel et de
» moins coupable !

» Restaient donc, comme j'ai eu l'honneur de vous le dire
» dans ma lettre de réclamation, une foule d'inventions
» fausses, calomnieuses, accumulées les unes sur les autres,
» et accompagnées des insinuations les plus graves et les plus
» perfides, tendant directement à présenter mon frère comme
» un grand coupable, puni et frappé par la justice divine,
» dès ici-bas, sur le théâtre même de son crime, et d'une

(¹) M. Nicolas aurait dit : *effacé avec une prudente éponge.* (Journal
Notre-Dame de la Salette, 1ᵉʳ avril 1866).

» manière si effrayante, que *son complice s'enfuit et meurt*
» *d'épouvante en route.* — N'était-ce pas *l'accuser, affirmer*
» *sa culpabilité, le juger, le condamner, et le faire con-*
» *damner et punir de mort par Dieu,* et par là-même le
» damner, autant que cela était possible?

. . . .

» Dans son article du 1er octobre 1865, M. Nicolas avait
» encore représenté mon frère comme jetant en avant *un autre*
» *prêtre hardi, facile à lancer, et s'en servant à la fois*
» *comme d'un bras destiné à frapper les grands coups, et*
» *d'un bouclier qui recevrait et arrêterait à lui les foudres*
» *épiscopales.* — N'était-ce pas faire de mon frère un lâche
» *hypocrite,* qui frappait en se cachant, et par les bras d'un
» autre, et qui voulait faire recevoir à autrui les coups, les
» *foudres* qu'il méritait lui-même?
» Se contenter de dire, comme l'a fait M. Nicolas, qu'il
» *fournissait une soumission extérieure, restant toujours*
» *le même à l'intérieur,* n'était-ce pas au moins une équi-
» voque très-propre à le faire passer encore pour un *hypo-*
» *crite?* D'autant plus que les antécédents et les conséquents,
» dont était flanquée l'équivoque, n'étaient bons qu'à confirmer
» ce sens injurieux.
» C'est donc bien mon frère qui a été attaqué et calomnié,
» et non pas M. Nicolas! Mettez-vous un instant, M. le Ré-
» dacteur, à la place d'une famille chrétienne et sacerdotale,
» auriez-vous pu supporter, sans réclamer et protester, de si
» cruelles atteintes...?
» M. Nicolas parle d'un *pavé gros comme une montagne* que
» j'aurais cru ou voulu lui lancer. Mais, en vérité, c'est comme le
» voleur qui crie lui-même au voleur, pour tromper et dérouter
» la police et la justice. — Et qui donc, ici, est le provocateur et
» l'agresseur, si ce n'est M. Nicolas? — Qui est la victime, si
» ce n'est mon frère? — Et que représentai-je, moi, sinon la
» simple et légitime défense? Et si, de ma défense, il résulte
» que M. Nicolas a écrit des choses fausses, calomnieuses, à
» conséquences et à insinuations coupables, quelle étrange
» dérision d'attribuer le détriment qui lui en revient à d'autres
» qu'à lui-même, ou à ceux qui l'ont mis en jeu! — Les plaintes
» et les soupirs de la victime ont toujours, sans doute, quelque

» inconvénient pour l'agresseur ; faut-il, pour cela, spolier la
» victime du droit de se plaindre, et confisquer ce droit au
» profit de l'agresseur ? Pour comble d'iniquité, disait au-
» trefois un Prophète, ils ont déplacé le droit : *Mutaverunt*
» *jus* !...

   » M. Nicolas affirme qu'il *n'a rien avancé de lui-même et*
» *qu'il a tout reçu d'ailleurs.* Tant mieux pour lui ! Mais
» pourquoi accueillir si vite et publier si haut des choses si
» graves et si odieuses ? Les parfaits, dit un saint auteur, ne
» croient pas facilement tout ce qu'on dit. — Il n'a pas suivi,
» évidemment, les inspirations de Celle qui, comme vous le
» rappelez, M. le Rédacteur, est appelée *dulcedo, la douceur*
» *même, et qui n'aime pas les discussions.* — Qu'il recon-
» naisse, au moins, que les auteurs de ces coupables et odieuses
» inventions ne lui ont pas fait beaucoup d'honneur, en le
» croyant capable, plus que tout autre, de jeter tout de suite
» au public une semblable pâture. — Que ne leur a-t-il dit :
» Faites vous-même cette publication ? — Et, pour lui renvoyer
» ici un reproche qu'il me fait, que ne s'est-il adressé, à Gre-
» noble, à des hommes sûrs, aux supérieurs ecclésiastiques,
» par exemple ? Il ne se serait pas aussi malheureusement
» aventuré. — Moi, dans ma réclamation, en m'adressant *di-*
» *rectement au journal et non à M. Nicolas*, j'ai tout sim-
» plement appliqué le remède où était le mal, et porté l'eau où
» il avait lui-même allumé l'incendie.

   » Puisque M. Nicolas avoue *qu'il a tout reçu d'ailleurs,* il
» doit reconnaître que, parmi ses associés, amis ou correspon-
» dants, il y a des hommes capables d'inventer, de colporter
» et de faire publier, dans l'intérêt de leurs opinions, des
» choses fausses et calomnieuses. La fin, pour eux, autori-
« serait-elle tous les moyens ? Mais, alors, il faudrait prendre
« garde à la conséquence et à la rétorsion ! *A fructibus eo-*
» *rum,* etc. — M. Nicolas ajoute que, par *ménagement, il*
« *n'a pas publié tout ce qu'il a reçu.* Cela est vraiment éton-
» nant, car il a fait ses preuves de hardiesse et de témérité en
» fait de publication. Son abstention, dès lors, et sa réserve
» parlent bien haut contre l'audace de ses correspondants ! E
» cependant, je doute encore qu'il la connaisse à fond, car j'ai
» entre les mains des preuves matérielles d'une noirceur excep-
» tionnelle et rare. — Aussi les coupables se tiennent-ils ca-

» chés, endossant de leur responsabilité un publiciste aventu-
» reux et lointain.

» Il y a eu, en effet, *une véritable et bien triste conspi-
» ration* ourdie à Vichy. Mais, au lieu d'en être l'auteur ou le
» complice, mon pauvre frère devait en être la victime. Heu-
» reusement, il s'est trouvé des chrétiens et des chrétiennes,
» qui (comme on le verra bientôt) ne se sont pas laissés trom-
» per ou séduire aussi facilement que M. Nicolas.

» Toutefois, il pourra remarquer que je ne me presse pas
» comme lui, et qu'ayant depuis longtemps, entre les mains,
» des pièces et des preuves humiliantes pour des partisans de
» son opinion favorite, j'ai attendu patiemment, pour les pu-
» blier, qu'on m'y contraignît pour ainsi dire, à force d'atta-
» ques et d'injustices. Preuve, en passant, que l'idée fixe qu'il
» me prête de vouloir *élever un piédestal à mon frère* n'est
» qu'une pure invention de son imagination, à moins qu'elle
» ne lui ait été encore soufflée d'ailleurs. — Preuve, en pas-
» sant, aussi, qu'il n'a jamais eu la moindre connaissance de
» mon frère, de sa famille, de ses amis. — Et quand, dans
» une phrase leste et tranchante, M. Nicolas vise à faire de
» mon frère, et, par contre-coup, de tous ceux qui ont pensé
» et pensent comme lui, une espèce d'idiots orgueilleux, folle-
» ment entêtés d'une chimère qui n'a plus *ni bases, ni con-
» sistance*, il insulte gratuitement, et il ne sait pas ce qu'il
» dit . . . .

» On sent, de plus en plus, que le moindre éloge de mon
» frère importune et irrite M. Nicolas. Qu'il se rassure ! mon
» frère ne recherchait rien moins que cela. Et, pour me con-
» former à son esprit de simplicité et de modestie, je me bor-
» nerai rigoureusement à ce qu'exigera la légitime défense,
» sans faillir au devoir ni à la vérité. En sorte que, si cette
» discussion élevait à mon frère un petit *piédestal*, comme
» dit M. Nicolas, ce dernier en serait le *premier maçon*, selon
» la remarque d'un homme judicieux. — Si cela déplaît ou
» nuit à quelqu'un, ainsi que le croit M. Nicolas, qu'il s'en
» prenne à lui-même.

» *Je m'arrête là*, quoique j'eusse encore beaucoup à dire,
» et j'en appelle de nouveau, M. le Rédacteur, à votre impar-
» tialité d'honnête homme et à votre conscience de chrétien,

» pour l'insertion de toute ma réplique dans le plus prochain
» numéro de votre journal.
    » J'ai l'honneur d'être, etc.

« A. C., *curé de Poliénas.* »

Cette seconde lettre, comme la première, a mis M. Nicolas
hors de lui-même. Aussi y a-t-il aperçu des choses qui cer-
tainement n'y étaient pas : un symptôme de *scission dans le
camp opposant, et un acte de la partie belliqueuse et inconsidérée, laquelle n'a probablement pas permis à M. le
Curé de Poliénas d'accepter ses offres.* — Lesquelles? — Ré-
pétons-le, puisqu'on nous y force, l'offre de se taire, de ne pas
dénigrer et diffamer davantage, à la condition qu'on lui en aurait *exprimé le désir* et adressé la prière !

En punition de ce prétendu *refus imposé* à M. le Curé de
Poliénas, M. Nicolas revient, pour la troisième fois, à la menace d'attaquer, au moyen d'une revue rétrospective, *une
portion de la vie* de M. le curé de Saint-Joseph, ou plutôt il
annonce que c'est déjà fait, car son travail, dit-il, *avait été
préparé d'avance.* — On voit, ici, ce qu'il fallait penser de *ses
offres* généreuses !

Cependant, cette nouvelle attaque ne suffisant pas encore à
la colère de M. Nicolas, il en improvise une autre bien plus
grave : il prétend et publie que *nous avons fait* ou *voulons
faire appel aux passions anti-catholiques et aux feuilles
hostiles à l'Eglise* ([1]).

Le 6 avril, nous nous sommes empressés de protester avec
indignation contre cette nouvelle calomnie; mais le journal
Notre-Dame de la Salette, qui lui avait prêté sa publicité, l'a
refusée à notre protestation, après en avoir référé à *l'édifiant
et très-distingué M. Nicolas, dont les articles,* dit-il, *sont
remplis de modération, de convenance, de sagesse et de
piété.* — Il faut avouer que les circonstances étaient mal choisies pour de pareilles épithètes !

Le pieux journal a voulu, lui aussi, nous punir de notre
lettre du 2 mars, qui *l'a profondément affligé par son ton*

([1]) Journal *Notre-Dame de la Salette,* 1er avril 1866.

agressif, les sentiments qu'elle exprime et les redites qu'elle renferme. Aussi ne l'a-t-il inséréc dans ses colonnes qu'au bout d'un mois, et après injonctions et menaces. — Et, pour se venger de cette contrainte, il a obstinément repoussé une seconde réponse à de nouvelles attaques de M. Nicolas, publiées dans son numéro du 16 avril 1866.

« *Nous ferons connaître avec un grand esprit d'impar-* » *tialité les pièces qui seront présentées des deux côtés,* » avait dit, le 20 janvier, le journaliste gascon. — Qu'est devenue cette promesse ?

Pour réparer autant que possible ce déni de justice, nous ferons paraître ces pièces du procès un peu plus bas. — En attendant, nous laissons à l'opinion honnête le soin de qualifier une pareille conduite, et aux journalistes de Muret, celui de la concilier avec *l'affiche* de leur journal, et le culte de Celle qui est véritablement *dulcedo,* la charité.

§ II.

Conspiration tramée à Vichy.

Malheureusement, l'esprit qui a inspiré l'agression de Muret avait aussi essayé de souffler à Vichy. On trouve, à ce sujet, des choses vraiment étranges, dans une lettre adressée de Vichy, au mois d'août 1865, par un ecclésiastique distingué, chanoine, à un de ses amis, prêtre aussi, et occupant un poste de confiance dans le diocèse de Grenoble. Celui-ci lui avait écrit, pour savoir la vérité sur *certains bruits fâcheux* que l'on tentait de répandre, à propos des derniers moments du vénérable curé de Grenoble, décédé à Vichy ; car, indépendamment du rôle de *conspirateur* qu'on lui prêtait, on allait jusqu'à *dire qu'il était mort en incrédule, etc.*

Voici les passages de la réponse, relatifs aux renseignements demandés : « Vos premiers renseignements sont exacts, votre
» confrère est mort comme nous voudrions tous mourir. Oui,
» sa mort a été vraiment édifiante, consommée dans la sim-
» plicité et la confiance de la foi. Dieu ne donne cette sérénité
» qu'aux consciences bien intègres. Ce n'est pas du diabète
» qu'il est mort, ainsi que l'aurait voulu je ne sais quel prêtre
» du diocèse de Grenoble, *d'un triste esprit, afin de l'asso-*
» *cier dans une punition commune avec le respectable*
» *M. G.* (¹), *coupable, comme lui, d'incrédulité à la Sa-*
» *lette.* Il est mort d'une fluxion de poitrine. J'ai des ren-
» seignements de première source, d'une intelligente et par-

______

(¹) M. Genevey, chanoine et curé-archiprêtre de Saint-Louis, de Grenoble.

» faite sœur qui lui a donné ses soins, et qui a été témoin et
» édifiée de la fermeté de son esprit, de la sérénité de son âme,
» de sa droiture et de son intégrité de cœur.—Le sentiment de
» son sacerdoce le plus délicat l'a dominé jusqu'à ses derniers
» moments. Tout à fait à sa hauteur divine, il savait le respec-
» ter en tout. La sœur était obligée de lui faire violence,
» pour qu'il acceptât les soins exigés par son état; il condes-
» cendait alors avec une respectueuse reconnaissance.

» Foi, amour, patience, résignation, sacrifice, paix, con-
» science de toutes choses: assisté d'un confrère du diocèse de
» Grenoble, plus évangélique que le premier, et administré
» par un vicaire de Vichy (M. le curé de la paroisse étant au
» lit), voilà comme il s'est endormi dans le Seigneur.

» *N'écrivez pas ces renseignements*, disait à la sœur le
» même ecclésiastique de Grenoble dont j'ai parlé plus haut,
» *vous allez fausser toutes choses;* c'est un prêtre incrédule à
» la Salette, mal avec son évêque et mort du diabète comme un
» de ses confrères *coupable et frappé comme lui.*—Monsieur,
» répondit la sœur, incrédule à la Salette, c'est possible; mais
» je ne sache pas que le Souverain Pontife en ait fait un dogme
» comme de l'Immaculée Conception; mal avec son évêque, je
» l'ignore, et la charité doit le laisser ignorer. Ce que je sais,
» c'est que je dis et écris la vérité, et je la dois à sa mémoire.
» A Dieu et non pas à nous de peser toute justice.

» La sœur a été profondément *scandalisée* de ces crimi-
» nelles invitations à la calomnie. Ne doit-on pas à l'honneur
» commun de les flétrir? Je vous le répète, les Sœurs de Bon-
» Secours, qui sont ici, sont admirables d'éducation, de sens
» autant que de dévouement. »

Quelles révélations il y a dans ces quelques lignes! Comme
elles dévoilent l'esprit de parti, on dirait presque l'esprit de
secte, pour qui tout est bon dans son intérêt! C'est là évidemment *qu'il y avait une triste conspiration!* Conspirer soi-
même d'une façon si odieuse, et puis, en accuser celui qui devait en être la victime, n'est-ce pas le comble de la déloyauté?
En vérité, il serait difficile de descendre plus bas !

Le bon curé étant mort loin de sa paroisse, de ses parents, de
ses amis, c'est-à-dire, loin de tous ses défenseurs et protecteurs
naturels, peut-être pensait-on qu'il pourrait être plus impunément attaqué et calomnié! Comment a-t-on pu s'oublier jus-

qu'à recourir à de semblables moyens? C'est un vrai malheur, pour une cause quelconque, d'avoir de pareils amis; car ils semblent se défier d'elle et ne pas compter, en sa faveur, sur la protection du Dieu de vérité. « Dieu, dit un ancien sage, a-t-il
» besoin de vos mensonges pour justifier ses œuvres? A-t-il
» besoin que vous recouriez au déguisement et à la fraude pour
» défendre sa cause (¹) ? »

Nous félicitons sincèrement M. Nicolas, dont nous rencontrons probablement ici les inspirateurs et les souffleurs, de n'être pas l'inventeur de pareilles trames ; et nous comprenons que les premiers coupables n'aient pas osé produire leurs noms, et aient recouru à Marseille et à Muret, afin d'écarter tout soupçon.—Toutefois, qu'ils fassent attention que, « se reposer
» à l'ombre du mensonge, c'est, dit un grand évêque, dormir
» sous de mauvais lauriers ! »

Avant de terminer cet article, il n'est pas possible de laisser passer, sans un mot de protestation, la si grave insinuation que nous avons vu dirigée contre la mémoire vénérée de M. Genevey, mort curé-archiprêtre de la paroisse de St-Louis, de Grenoble. Formé, dès son enfance, par le vénérable M. Caillet, ancien confesseur de la foi et curé archiprêtre de Tullins, supérieur du grand séminaire de Grenoble et vicaire général du diocèse, mort en odeur de sainteté, M. Genevey a fait constamment honneur à son saint maître. Après avoir occupé avec distinction plusieurs postes de confiance, il fut nommé, jeune encore, au canonicat de la Cathédrale et à la chaire d'éloquence sacrée du grand séminaire. — La paroisse de Saint-Louis, de Grenoble, ayant fait une perte irréparable dans la personne du respectable M. Toscan, le père des pauvres et l'homme de confiance de toute la cité, M. Genevey fut instamment prié par son évêque de vouloir bien combler ce vide immense, et consoler cette belle et si importante paroisse de la ville épiscopale.

Voici l'honorable témoignage qui a été rendu au successeur de M. Toscan, par un des plus éminents magistrats de Greno-

---

(¹) Job, ch. 7, v. 13.

ble, M. l'avocat général Gautier, dans une séance de l'Académic delphinale, où M. Genevey avait été son collègue : « Vous
» l'avez, Messieurs, possédé plusieurs années, et la force de
» son âge promettait encore une durable collaboration, en
» même temps qu'elle donnait à sa paroisse et à ses amis de
» longues espérances. Mais le travail et les sollicitudes du pas-
» teur l'avaient prématurément éprouvé. Il y avait rencontré
» le germe du mal qui devait l'enlever dans tout l'éclat de ses
» jours et de son intelligence ; il avait commencé à en ressen-
» tir les vives atteintes ; mais il luttait avec trop de courage
» contre les nécessités du repos. Les jours de labeur et d'aus-
» térités le trouvèrent encore infatigable, et les ressorts de sa
» vie s'y brisèrent. La mort précipita sa venue ; il la vit paraî-
» tre et la reçut avec une haute résignation chrétienne, et il
» passa à la vie des justes, le 3 mai 1859, à l'âge de 58 ans.
       » La mort soulève tous les voiles : comme elle découvre les
» imperfections, elle révèle les vertus cachées. M. l'abbé
» Genevey n'avait rien à perdre à cette dernière épreuve.
» L'honneur de sa mémoire ne fait qu'ajouter à l'honneur de
» sa vie. Sa charité s'est dévoilée tout entière sur sa tombe. Il
» n'avait mis, il n'avait caché, dans son épargne, que les béné-
» dictions du pauvre ! »
     Ainsi, dignement placé entre les deux grandes et belles figures de M. Caillet et de M. Toscan, M. Genevey fut, comme eux, l'une des gloires de l'Eglise de Grenoble, par l'élévation de son intelligence, l'étendue et la profondeur de son savoir, par son caractère toujours conciliant et modéré, par la simplicité, la pureté et la droiture de sa vie, et par son esprit éminemment ecclésiastique. Il prodiguait à son peuple le pain de la divine parole dans des instructions solides, lumineuses, substantielles, qu'on ne se lassait jamais d'entendre. Il organisa et soutint de son zèle et de sa bourse toutes les œuvres paroissiales, connaissant et pratiquant admirablement cette charité de l'Evangile qui ne livre pas à la main gauche le secret de la main droite toujours ouverte libéralement.
     Au milieu des occupations multipliées et consciencieusement remplies de la vie pastorale, il trouva encore le temps de se livrer à de fortes études, qui en faisaient la lumière et le conseil de ses confrères, et l'avaient placé si haut dans l'estime et la considération générale, que les sociétés savantes de la ville

s'empressèrent de solliciter son concours et s'honorèrent de le compter au nombre de leurs membres.

Doux et bon pour tout le monde, même pour ceux dont il avait le plus à se plaindre, de facile et gracieux accès pour tous, tendrement aimé de ceux qui eurent le bonheur de le connaître de près, il semble qu'un tel homme devait échapper aux traits de la malveillance et de la calomnie.—On ne saurait donc trop déplorer et flétrir l'esprit de parti et la fureur du dénigrement qui voudraient ternir de pareilles mémoires !

§ III.

Insinuations coupables, concernant le sort éternel du prêtre mort à Vichy.

Ce qui a été écrit à Muret et tramé à Vichy explique l'énormité qui a couronné cette intrigue. Pour achever de livrer M. Cartellier au mépris, et sans crainte d'exposer sa chrétienne famille aux plus terribles angoisses, d'autres tenants de la même cause sont allés jusqu'à exprimer et formuler *des doutes, des craintes sérieuses sur le salut éternel de l'excellent prêtre* mort à Vichy.

Pour arriver à cet excès, il a fallu violer toutes les règles de la charité et de la sagesse. On a dû, d'abord, oublier toute une vie sacerdotale, pleine de mérite et d'une angélique pureté, pour s'en rapporter exclusivement aux bruits de la calomnie.

Dépassant ensuite tous les efforts humains de la calomnie, obligée de s'arrêter aux limites du temps, aux derniers actes extérieurs, aux derniers mouvements sensibles de la vie, on a osé pénétrer dans l'intérieur le plus intime de l'âme, dans l'éternité même, et y empiéter sur les jugements de Dieu !

« N'y a-t-il donc aucun péril, peut-on dire avec saint Chry-
» sostôme, à vouloir prononcer sur ce qui est réservé au Juge
» des siècles, qui seul a la mesure de la conscience et de la foi ?
» Savez-vous comment l'homme que vous condamnez s'accu-
» sera et se défendra au tribunal de Dieu ? Les jugements de
» Dieu sont impénétrables, ses voies échappent à toute inves-
» tigation : *abstenez-vous donc d'une faute si grande....*
» Au jugement de Dieu cela vous perdrait. » —Et savent-ils, ces

impitoyables juges de la mort d'autrui, quelle sera leur mort?
Sont-ils bien sûrs de ne se faire aucune illusion?

Il nous répugne de suivre toutes les extravagances de l'attaque. On n'a reculé devant rien. Chaque zélateur de la cause a
voulu jeter sa pierre ou donner son coup de pied. Les uns, nous
l'avons déjà indiqué, ont fait mourir M. Cartellier en incrédule;
d'autres ont colporté dans le diocèse les inventions de Vichy.
On les a racontées et confiées à des étrangers marquants, qui
naturellement pouvaient les répandre et les faire prévaloir au
loin. — On a même recouru aux révélations des esprits, et le
journal *Notre-Dame de la Salette*, dans son numéro du 1er
novembre 1865, a bien voulu recueillir et publier leurs ora-
cles, comme il avait recueilli, un mois auparavant, les inventions de la calomnie. Dans d'ignobles allusions et de grossiers
symboles, émanés d'un *médium* et mis en circulation par le
journal gascon, plusieurs personnages graves n'ont pu s'empêcher de voir avec indignation l'intention monstrueuse de ba-
fouer les souffrances de M. Cartellier, et de faire rire sur sa
tombe, en ridiculisant les pénibles remèdes et les dures nécessités de sa cruelle maladie. Pour se livrer à ces excès, il a
fallu faire litière d'une de ses plus incontestables vertus, la
sobriété.

Le système des allusions et des insinuations est un système
dangereux et perfide, et il serait facile de le retourner avec
avantage contre ceux qui en font un si criminel usage. Mais
nous préférons, pour le moment, dire avec le divin persécuté
et bafoué du Calvaire : « Seigneur, pardonnez-leur, parce qu'ils
ne savent pas ce qu'ils font. » Et nous sommes sûrs, en cela,
d'entrer dans les intentions du charitable défunt de Vichy.

Toutefois, on ne peut s'empêcher d'être saisi d'une profonde
tristesse, en voyant l'animosité qui s'attache ainsi à la mémoire
du prêtre le plus inoffensif. Sa vie, sa foi, ses souffrances, sa
mort, son éternité même, tout a été attaqué. — En présence d'un
pareil acharnement, ne serait-on pas autorisé à dire à ceux qui
s'y livrent, sous la bannière d'un journal qui se proclame religieux : Non, mille fois non, votre mère, à vous, n'est pas la
divine et miséricordieuse Mère que vous affichez ! — Au milieu
de tant de blessures et de plaies faites à la vérité et à la charité, comment trouver et reconnaître sa douce et maternelle

influence? Le prophète Ezéchiel n'aurait-il pas le droit de vous dire : *Mater tua leœna est* (¹)?

On se demande quel a pu être le but qu'on s'est proposé en agissant ainsi. Ce n'est que par la charité qu'on honore une croyance et qu'on peut y amener ceux qui ne la partageraient pas encore. Au contraire, on la déconsidère, on la compromet et on en éloigne les autres, par des excès si opposés à la charité, qui est la compagne ordinaire et l'indice de la vérité. —«C'est » par la charité, dit saint Jean Chrysostôme, qu'on entre dans » la vérité et qu'on y fait entrer les autres; d'où il suit qu'il » faut conserver avec autant de soin la charité que la vérité. » — Où est l'amour de la dernière quand la première est si maltraitée?

(¹) Ezech., 19, 2.

§ IV.

La Vérité sur le défunt calomnié.

Il nous semble pourtant que rien n'était plus juste et plus facile que de suivre les maximes et les règles de la charité à l'égard du respectable curé de St-Joseph, de Grenoble, l'homme bon et pacifique par excellence. — «Un tel prêtre ne devait pas avoir d'ennemis!» s'est écrié, étonné et affligé de la calomnie, un de ses anciens condisciples, aussi fidèle ami que vertueux confrère.

M. Nicolas ne pouvait pas être plus dans le faux, que quand il en fait un intrigant, un rusé, un chef de parti; quand il le représente comme un homme d'une habileté et d'une adresse presque insaisissables. C'était, au contraire, un homme d'une simplicité et d'une droiture exceptionnelles, et absolument dépourvu de tout ce qu'on appelle *savoir-faire* humain. La rectitude de son jugement, la solidité de son esprit, la loyauté de son caractère, la pureté d'intention et la crainte de Dieu, voilà toute son habileté et son adresse.—Un prêtre grave, qui a été son vicaire, et qui, par conséquent, l'a suivi et connu de près, ne croit pas pouvoir mieux exprimer l'impression produite en lui par l'ensemble et les détails de la vie de son bon curé et ami, qu'en lui appliquant le texte suivant de Job : *Erat vir simplex et rectus, et timens Deum, et recedens à malo :* « c'était un » homme simple et droit, craignant Dieu, et évitant tout ce » qui est mal. »

La simplicité et la modestie, en effet, semblaient être sa nature. Ces deux vertus se trouvaient et brillaient dans tout ce qui lui appartenait: dans sa maison, à sa table, dans ses meubles, ses goûts, ses dépenses, sa tenue, dans toutes ses manières. — Son testament ne fait aucune mention des biens temporels, par la raison édifiante et bien simple qu'il n'en laissait pas ; sa charité avait tout donné pendant le cours de sa vie. Sa devise favorite était que la *charité efface la multitude des péchés*. Aussi, une des saintes *Filles de la charité* qui s'occupent des pauvres, à Grenoble, s'est elle spontanément écriée à la nouvelle de sa mort : « La paroisse de St-Joseph, et ses pauvres surtout, font une bien grande perte ! »

Il n'y a rien en tout cela qui étonne, quand on sait qu'à la fois élève, disciple et historien du vénérable M. Germain, ancien curé-archiprêtre de Roussillon, l'une des plus belles et plus pures gloires de l'Eglise de Grenoble et le *saint Vincent de Paul de son canton* (¹), M. Cartellier avait abondamment puisé à cette sainte école toutes les qualités et les vertus qui font le prêtre modèle. « Il a copié son maître et, comme lui, il ne connaissait pas le mal, » disait naguère un vénérable ecclésiastique qui a connu le maître et le disciple. Dans l'un comme dans l'autre, la bonté n'était surpassée que par la plus virginale intégrité.

Aussi, pendant tout le cours de son long ministère, M. Cartellier a-t-il constamment occupé des postes honorables. L'important archiprêtré de Meyzieux, aux portes de Lyon, lui fut confié à l'âge de trente ans, et, durant vingt-cinq ans, il a été à la tête de la seconde paroisse de la ville épiscopale. — C'est de ce poste de confiance qu'il est retourné à Dieu, dans sa soixante-deuxième année, vivement regretté de sa paroisse, dont une portion, comme on l'a dit, alla spontanément, et au milieu de la nuit, au-devant du convoi qui ramenait sa dépouille mortelle. Cette touchante manifestation, qui rappelle les premiers jours de la foi, fut suivie, le surlendemain, d'obsèques plus touchantes encore, présidées par un vicaire général du diocèse de Grenoble, et accompagnées d'une foule très-remarquable de prêtres, accourus de tous les points du diocèse.

A quelque temps de là, le jour de l'installation du nouveau

(¹) En apprenant la mort de M. Germain, Mgr Philibert de Bruillard, évêque de Grenoble, s'écria : « *Je viens de perdre mon saint Vincent de Paul.* » Et pour exprimer en un mot sa science et sa renommée, Mgr appela encore M. Germain *le Salomon des bords du Rhône*. (*Vie de M. Germain*, par M. Cartellier, p. 263.)

curé qui devait remplacer le vénérable défunt, un autre vicaire général adressa à la paroisse de St-Joseph, réunie à l'église, une allocution aussi élogieuse que touchante sur le pasteur qu'elle avait perdu. «—M. le *vicaire général*, disait à ce sujet » un des assistants et des paroissiens les plus distingués, *a* » *pleuré et nous a tous fait pleurer; je n'ai pas cessé un* » *instant d'essuyer mes larmes.—On ne pleurait pas*, a dit » un autre, *on sanglotait.* »

De la part d'hommes graves, et dans une population de grande ville, de pareilles manifestations ont une portée significative.

Ce qui l'augmente encore, c'est que la paroisse entière s'est spontanément occupée de l'érection d'un monument funèbre. Des hommes, des laïques très-honorables ont poussé l'affection jusqu'à se préoccuper eux-mêmes de l'épitaphe, qui devait consacrer la mémoire de leur pasteur. On ne lira pas sans attendrissement la pensée qui a fixé le choix d'un de ces hommes d'élite : *Illic sedimus et flevimus, cum recordaremur*, c'est-à-dire : *Nous viendrons ici nous reposer auprès de lui, et pleurer à son souvenir.*

La photographie de ce bon pasteur a été achetée et s'est répandue, dans sa paroisse, à un nombre très-considérable d'exemplaires. — Personne ne disconviendra que les exemples d'une affection si délicate ne soient aujourd'hui aussi précieux que rares.

Dans le clergé, l'amitié vraie et chrétienne n'a pas fait défaut, non plus, au prêtre que nous regrettons. Peu de personnes auront à se glorifier d'avoir joui, au même degré, de ce trésor que l'Esprit saint met au-dessus de *tous les trésors*, et qu'il appelle *le baume de la vie: Medicamentum vitæ.*

Le testament de M. Cartellier, de quelques lignes seulement, est admirable et couronne dignement toute sa vie. Il rappelle ce que Possidius rapporte de saint Augustin, qui ne fit aucune disposition testamentaire, *parce que*, dit-il, *l'illustre pauvre du Christ ne laissait rien qui pût être la matière d'un pareil acte.* Le grand et saint Docteur ne léguait que des exemples, des conseils, des recommandations et des avis pleins de sagesse.— De même, dans les quelques lignes qu'a laissées, en forme de testament, le vénérable curé de St-Joseph, de Grenoble, les biens temporels, comme nous l'avons déjà fait remarquer, ne figurent d'aucune façon, parce que le nouveau *pauvre de Jésus-Christ* n'en avait point à léguer.—Mais l'esprit ecclésiastique, la loyauté de caractère, la fermeté de principes et de conviction, la sagesse et la prudence sacerdotales y abondent, dans quelques conseils et avis donnés à son frère et à sa chrétienne famille, dont il était comme le patriarche et le père.—On reconnaît bien, dans cet acte suprême, l'homme droit, à convictions fermes, pures et désintéressées que toute sa vie avait révélées.

On comprend que nous n'avons pas épuisé un pareil sujet, et qu'il nous eût été facile de l'étendre davantage. Mais nous avons préféré nous borner à ces quelques pages simples et vraies, réclamées par les besoins et le droit de la légitime défense, par l'importance de l'honneur sacerdotal et par la recommandation de l'Esprit saint: *Curam habe de bono nomine.*

En abrégeant, nous nous conformons aussi, nous le sentons, à l'esprit et aux intentions du vénérable défunt que nous pleurons et défendons. Sa modestie souffrait du moindre bruit fait autour de sa personne. Pour le faire sortir de l'obscurité et du silence où il se cachait et se plaisait, il lui fallait des raisons et des motifs de l'ordre le plus élevé. Aimant à donner aux autres, avec une grande sincérité, les éloges qu'ils méritaient, il les craignait pour lui-même. Biographe du saint prêtre, qui fut son maître et son modèle, il n'aurait jamais permis qu'on fît sa propre biographie.

Nous respectons donc sa volonté et sa modestie, en nous bornant à ce qui était nécessaire pour justifier sa mémoire. Sans l'attaque aussi odieuse qu'inattendue dont il a été l'objet, nous aurions laissé notre vénérable ami dans sa chère obscurité et dans sa simplicité, vertu rare, qui a été comme le résumé et l'honneur de sa vie en ce monde, selon ce beau mot de saint Paul : « *Gloria nostra hæc est, testimonium conscientiæ nostræ, quod in hoc mundo conversati sumus in simplicitate cordis et sinceritate Dei.* « Ce qui fait notre gloire, c'est » le témoignage que nous rend notre conscience d'avoir vécu » en ce monde avec la simplicité du cœur et la sincérité de » Dieu (¹). »

(¹) 2ᵉ *Epist. ad Corinth.*, 1, 12.

§ V.

Pièces de la défense, dont l'insertion a été refusée par le journal agresseur : lettres du 4 avril et du 3 mai 1866.

Avant de publier la deuxième réclamation de M. le curé de Poliénas, en date du 2 mars, le directeur du journal de Muret avait eu soin de l'envoyer à Marseille, pour la communiquer à M. Nicolas. Celui-ci, répondant à son complice, lui dit : « J'ai reçu, par votre lettre du 14 mars, la deuxième » réclamation de M. le curé de Poliénas, et je me hâte d'y ré-» pondre, *afin que les deux pièces puissent se faire dans le* » *même numéro de votre journal (sic).* » Ainsi convenu, » ainsi fut fait : la lettre de M. Cartellier attendit celle de M. Nicolas, et les deux pièces parurent côte à côte dans le numéro du 1er avril 1866.

La lettre de M. Nicolas en annonçait une autre de la même plume, pour le numéro prochain, le 16 avril. Au moment fixé, même empressement de la part du journal à accueillir et à publier la deuxième lettre de son complice.

Les deux publications de M. Nicolas, contenant encore, au lieu d'explications et d'excuses, des imputations fausses et odieuses, constituaient une nouvelle agression, dont nous n'avons fait qu'indiquer quelques traits au paragraphe premier.

Elle devait être et elle fut repoussée par deux lettres de M. le curé de Poliénas. Mais les pièces de la légitime défense n'obtinrent pas la faveur et les priviléges de l'attaque. Le journal de Muret leur ferma obstinément ses colonnes, par la raison que M. Nicolas *allait faire à sa victime d'autres blessures sur un autre point,* et avec *une autre arme :* le pamphlet. Le motif, on le voit, était pire encore que le refus.

Réparons cette iniquité, en publiant ici ces deux pièces, nécessaires d'ailleurs pour achever de faire connaître l'agression partie de Muret.

« Poliénas, 6 avril 1866.

» Monsieur le directeur du journal *Notre-Dame-de-la-Salette*,

» C'est pour moi un devoir et un besoin tout à la fois de pro-
» tester, tant en mon nom qu'au nom des honorables amis de
» mon frère, contre les nouvelles imputations fausses et les in-
» sinuations si odieuses et si malveillantes de celui que vous
» voulez bien appeler votre *édifiant, pieux et très-distingué*
» *correspondant.*

» Il *a vu et,* dit-il, *il a dû voir* dans ma simple et si juste ré-
» clamation contre les calomnies qu'il a publiées dans votre
» journal, au sujet de la mort de mon frère à Vichy, *une insur-*
» *rection nouvelle et indirecte contre l'Eglise...*

» De plus, *on lui a fait savoir que nous avions fait ou*
» *voulions faire appel aux passions anti-catholiques, aux*
» *feuilles hostiles à l'Eglise, et il ajoute qu'il serait en-*
» *chanté de cette accointance, parce qu'elle ferait mieux*
» *connaître l'esprit de l'opposition.*

» Ainsi, non content de nous prêter, contre toute vérité, des
» intentions coupables, M. Nicolas a le triste courage de s'en
» réjouir (¹). Il ajoute, il est vrai, qu'il en *doutera jusqu'à*

(¹) Sentant le besoin de se justifier, M. Nicolas écrivait, le 27 juillet 1866, à M. C. : « Je n'ai pas voulu vous accuser, mais empêcher la chose » (l'accointance) de se réaliser. Je me suis dit : Lorsque les bons prê- » tres, opposants à la Salette, sauront cela, ils feront tout au monde » pour l'empêcher. »—Mais si on voulait *empêcher l'accointance,* pourquoi la désirer et s'en réjouir ? Si on voulait provoquer la réprobation et la protestation des opposants honnêtes, pourquoi les refuser et ne pas les publier quand elles existent ? Voudrait-on nous faire admettre *l'identité des contraires?* — La première idée *(se réjouir de l'accoin-tance)* n'est pas du tout chrétienne, il est vrai ; mais il faut convenir qu'elle rentre beaucoup mieux que la seconde, dans le plan et le système d'attaque suivis par M. Nicolas contre ses adversaires. Elle est parfaitement adaptée au but qu'il se propose.

» *preuve irrécusable ;* n'importe, il s'empresse de livrer à la
» publicité ces coupables imaginations. Quel est donc le mobile
» d'une semblable conduite? Serait-ce, par hasard, parce qu'il
» reste toujours quelque chose du mensonge publié ?

» Si cette imitation ou *accointance* voltairienne est vraie, je
» la déplore vivement au lieu de m'en réjouir. Heureux de ne
» pas imiter, en cela, M. Amédée Nicolas!—Comme il est de plus
» en plus loin de celle qui s'appelle *dulcedo !* la *douceur,* la
» *charité,* et qui *n'aime pas les discussions !*

» Je vous l'ai dit, mon cœur de prêtre avait besoin de repous-
» ser de suite et avec horreur de si odieuses imputations. Pour
» compléter ce qui me resterait à dire, j'attendrai les nouvel-
» les élucubrations dont M. Nicolas nous menace, et que doit
» apporter votre prochaine publication.

» Je vous prie et, au besoin, je vous requiers d'insérer aussi
» dans votre prochaine publication, ces quelques mots de pro-
» testation écrits à la hâte, afin que les *deux pièces puissent*
» *se faire dans le même numéro,* pour parler comme M. Ni-
» colas.

» J'ai l'honneur, etc.

» Ant. C. »

Dans le numéro du Journal *Notre-Dame de la Salette,* qui
suivit immédiatement cette protestation, le 16 avril, au lieu de
cette protestation même, nous trouvâmes une note du rédacteur, ainsi conçue : «M. Antoine Cartellier nous écrit *encore*
» pour répondre aux quelques lignes de M. Amédée Nicolas,
» publiées dans le dernier numéro, 1er avril. Nous ne pouvons
» satisfaire à son désir, avant d'avoir d'abord inséré la réponse
» complète de ce dernier. La discussion sera suivie ainsi avec
» plus d'ordre et moins de précipitation. M. Antoine Cartellier
» ne *peut pas demander autre chose,* du reste, contre M. Ni-
» colas, *que ce qui est accordé à M. Nicolas lui-même.* »

Il était évident que nous ne pouvions pas être traités *en com-*
plices, comme M. Nicolas, et nous ne le demandions pas.

Mais le numéro du 16 avril contenait la *réponse complète*
de M. Nicolas : pourquoi notre protestation ne s'y trouvait-elle
pas ? Le prétexte *d'agir avec plus d'ordre* n'existait plus.

Toutefois, la note du journaliste laissait encore un espoir;
elle contenait même une promesse d'insertion. Espoir et pro-

messe, tout a été illusoire. Les plus vives instances n'ont jamais pu obtenir leur réalisation.—Ainsi, au moment même où le journaliste semble affirmer *qu'il a pour nous les procédés qu'il a pour son complice*, il nous traite, au contraire, en ennemis contre qui tout est bon. — Mais passons à l'examen de la *réponse complète* de M. Nicolas.

« Poliénas, 3 mai 1866.

» Monsieur le Directeur du journal *N.-D.*, etc.

» Voici ma quatrième réponse à la cinquième attaqué de
» M. Nicolas. Vous voudriez, de ma part, vous, Monsieur,
» comme journaliste sans doute, moins de *redites*, et partant
» un peu plus de nouveautés. M. Nicolas, lui, voudrait, je
» ne sais à quel titre, un peu plus de *style et de talent*. Je
» vous envoie à tous les deux quelque chose qui vaut mieux
» et qui a plus affaire, ici, que la *nouveauté et le style*, je
» vous envoie la vérité. Veuillez reconnaître ses droits et les
» faire valoir, cela fera plus d'honneur à votre journal que les
» divagations et les prétendus emporte-pièces de votre *émi-
» nent* correspondant.

» Le débat, né dans vos colonnes, entre M. Nicolas et moi,
» portait principalement, vous le savez, sur les faits erronés
» et gravement diffamatoires qu'il a publiés au sujet de la mort
» de mon frère, à Vichy. Sa publication attaquait, à la fois,
» l'honneur sacerdotal et la mémoire d'un mort, deux choses
» respectables et sacrées. Les morts sont protégés par le
» silence de la tombe et par l'impossibilité où ils sont de se
» défendre.

» J'ai dû réclamer en faveur de ces deux choses saintes,
» indignement violées, dans la personne de mon frère, prêtre
» et défunt. Cette réclamation, si naturelle et si juste, a telle-
» ment froissé M. Nicolas, que sa raison en a été pour ainsi
» dire troublée, ce dont il a eu soin de nous avertir en
» disant qu'il avait *besoin d'en appeler à Philippe à jeun
» et à froid*.....

» Pour l'aider, je lui ai adressé, le 2 mars 1866, une seconde
» lettre aussi calme que vraie. Mon but était de faire bien
» comprendre à M. Nicolas, ce qu'il y avait de faux et de diffa-

» matoire dans sa publication du 1er octobre 1865 ; de lui
» faire observer qu'il m'avait été impossible de ne pas défen-
» dre la mort édifiante d'un frère vénéré et chéri ; de lui faire
» remarquer combien il était étrange et injuste qu'il se posât
» lui-même en victime, lui, l'agresseur notoire ! de lui dire,
» enfin, combien il avait été inconsidéré et précipité dans une
» affaire aussi grave ;—que, Dieu aidant, je maintiendrais mon
» droit et ne faillirais pas à mon devoir de légitime défense,
» et que, s'il en résultait quelque désagrément pour les
» diffamateurs de la mort de mon frère, ils ne pourraient s'en
» prendre qu'à eux-mêmes, etc.

» M. Nicolas, irrité, m'a répondu par une longue déclama-
» tion publiée en deux fois dans votre journal. Au lieu d'une
» réponse, c'est un hors-d'œuvre et une nouvelle attaque.

» Pour n'être pas trop long, je ne ferai qu'en indiquer les
» principaux écarts.

» La première partie, publiée dans votre numéro du 1er
» avril, bien moins étendue que la seconde, ne contient à peu
» près que des injures et de nouvelles diffamations. Selon
» M. Nicolas, ma lettre du 2 mars n'est qu'un *factum mal*
» *digéré...* nous *sommes en insurrection contre l'Eglise*
» *et en accointance avec les ennemis de la religion*, etc.
» A ce sujet, je suis bien étonné, M. le Directeur, que vous
» n'ayez pas encore publié la protestation que je vous ai
» adressée, le 6 avril, contre de si odieuses et si gratuites im-
» putations. Permettez-moi de vous rappeler l'accomplisse-
» ment de ce devoir ; il est sacré pour vous.

» Quant au reproche que me fait M. Nicolas d'avoir *mal*
» *digéré* ma lettre du 2 mars, je me contenterai de lui dire
» que ma persuasion est qu'il l'a *encore plus mal digérée* lui-
» même. — Sur deux réponses, je ne lui ai, dit-il, envoyé *du*
» *style et du talent que dans une.* Lui ne m'a fait cet honneur
» dans aucune de ses nombreuses élucubrations ; et je blesse-
» rais singulièrement son amour-propre, si je lui transmettais
» les critiques dont la prose, qu'il a jusqu'ici composée à mon
» intention, a été l'objet de la part de juges irrécusables......
» Il me semble, au reste, comme il a semblé à beaucoup de
» bons esprits, qu'en fait de discussion le fond doit l'emporter
» sur la forme.

» Dans la seconde partie de sa déclamation, publiée quinze

» jours après la première, le 16 avril, M. Nicolas dit *que je*
» *ne fais qu'invectiver à son encontre* ; (or, tout le monde
» sait que je ne fais que défendre la mort de mon frère contre
» ses attaques);— *que je défigure sa pensée*, (je prends ses pa-
» roles dans leur sens le plus naturel) ;— *qu'il avait écrit sur*
» *mon frère d'une manière couverte, et que sans moi, dix*
» *lecteurs à peine sur mille sauraient de qui il a voulu*
» *parler*; (tous les prêtres de la ville et du diocèse de Gre-
» noble et bien d'autres sont là pour protester contre cette
» assertion ; le complice même de M. Nicolas, le journaliste de
» Muret, avoue *que le nom du prêtre antagoniste de la Sa-*
» *lette, auquel M. Nicolas faisait allusion dans son article*
» *du 1ᵉʳ octobre 1865, était bien connu* (¹)) ; — que *je suis*
» *disposé à ne recevoir aucune rectification, pas même*
» *une excuse*; (que M. Nicolas me mette à cette épreuve) ! —
» que *j'ai un but secondaire, le grand but d'abaisser les*
» *hommes de son opinion*; (accusation systématiquement
» ressassée par M. Nicolas et que je lui renvoie encore parce
» que lui seul la mérite); — que *j'invective contre les cro-*
» *yants* et présente certains *partisans du miracle comme*
» *des hommes abominables*; (je n'ai parlé que des inventeurs
» et colporteurs de calomnies, toujours blâmables à quelque
» parti qu'ils appartiennent, mais surtout s'ils arborent la
» bannière de la dévotion); — *que ma famille, chrétienne*
» *et sacerdotale, aurait dû se soumettre à l'autorité* ; (il ne
» s'agit, dans le présent débat, que de mon frère, et sur son
» lit de mort : tout le monde sait, d'ailleurs, qu'il est resté jus-
» qu'à son dernier soupir, au poste de confiance et d'honneur
» que lui avait confié l'autorité); — *que je fais, de mon ad-*
» *versaire, un instrument que l'on pousse et à qui l'on*
» *souffle tout;* (mon adversaire oublie qu'il m'a écrit : *je n'ai*
» *rien dit de moi-même, j'ai tout reçu d'ailleurs*).

» M. Nicolas me reproche d'avoir voulu mettre la main
» sur un endroit, à ce qu'il paraît, douloureux et sensible de
» sa vie, et il me menace de je ne sais quelle poursuite. Mon
» contradicteur prouve qu'il n'a pas été *bon entendeur*. Je
» n'ai pas la moindre connaissance de cet endroit de sa vie, et

---

(¹) Journal *N.-D. de la Salette*, 20 janvier 1866.

» si je l'avais connu, je l'aurais évité : heureux, cette fois
» encore, de ne pas marcher sur ses traces !

» A quelque chose, cependant, malheur est bon ; car M.
» Nicolas, au milieu de tous les reproches qu'il me fait, a
» trouvé le moyen et le motif de produire une longue énumé-
» ration des doctes ouvrages qu'il a composés, *in utroque jure*,
» ainsi que des honorables suffrages dont ils sont nantis et
» ornés.

» Après ce repos de satisfaction, revenant aux reproches, il
» dit que mon frère *a été fort répréhensible* il y a dix ans, re-
» lativement à la Salette.—Ce n'est pas le lieu, ici, de débattre
» cette question; je me bornerai à une seule et simple réflexion.
» Il s'agit de mon frère, sur son lit de mort, je le répète.—M.
» Nicolas, d'ailleurs, est-il sûr d'avoir conservé son innocence
» baptismale? et s'il n'a bas ce bonheur, ne peut-il pas
» néanmoins faire une bonne mort?

» Mon adversaire prétend *que je fais le brave* ; que je *me*
» *donne un air d'assurance que je n'ai pas* ; que *je crains*
» *les révélations venues ou à venir de la ville d'eaux (sic)*.
» —Je les crains si peu, que je suis allé les y chercher moi-même,
» ainsi que d'honorables amis de mon frère. Plût à Dieu que
» mon contradicteur eût fait comme nous ! il aurait appris
» bien des choses qu'il ne sait pas, ou bien qu'il dissimule.

» M. Nicolas finit par un tour de force. Après l'avoir *cons-*
» *tamment contredit* et *carrément incriminé*, je lui parais
» *savoir les choses aussi bien et de la même manière que*
» *lui.*—Je proteste, en conscience, que je les connais mieux que
» lui et d'une manière toute contraire à la sienne.

» Je termine, M. le Directeur, ce rapide exposé de la
» manière étrange de répondre et de raisonner de M. Amé-
» dée Nicolas. J'en laisse l'appréciation et le jugement à vos
» lecteurs intelligents et honnêtes. Je connais déjà le verdict
» de plusieurs.

» Adieu, M. le Directeur ; M. Nicolas va désormais s'oc-
» cuper de mon frère (toujours, sans doute, avec la charité
» et la justice dont il a fait preuve), non plus dans vos colonnes,
» mais dans une brochure, où je ne pourrai plus mettre la
» défense à côté de l'attaque, le remède sur le mal. Aurait-il
» compris, par hasard, que, pour être cru, il a besoin de parler
» seul? — Votre journal ne sera donc plus le propagateur et le

» complice de ses publications excentriques et malveillantes ;
» se je vous en félicite sincèrement.

» Mais, cette fois encore, j'ai tous les droits d'y recourir, et je
» vous requiers d'insérer cette réponse et la précédente qui la
» complète, dans votre plus prochaine publication.

» Agréez......

» A. C. »

Cette deuxième réponse eut le sort, on le pense bien, de la protestation du 6 avril. Rien ne put la faire insérer.—Comme *compensation*, le journal, nous l'avons dit, annonça que M. Amédée Nicolas s'en allait ailleurs, pour porter d'autres coups à sa victime.—Le déni de justice fut consommé, et il resta constaté qu'on s'était adressé en vain à la loyauté, à la justice et à la conscience de chrétien et d'honnête homme du journaliste de Muret et de son *éminent* et *édifiant* correspondant.

§ VI.

Diverses protestations contre la brochure de M. Nicolas intitulée : L'Esprit de l'opposition, etc. — Juillet 1866.

Après avoir fait fermer au défenseur de sa victime les colonnes du Journal *Notre-Dame de la Salette*, et après y avoir parlé lui-même tout à son aise le premier et le dernier, M. Nicolas publie son libelle sur *une portion de la vie* de M. Cartellier, et quitte à la fois le journal et la question qui y était débattue. Il ne pouvait plus la soutenir. Cette impuissance est avouée par lui au début de son libelle.

Toutefois, on sent que cet aveu est arraché de vive force à son amour-propre, qui le dissimule, l'altère et finit même par le faire disparaître sous une nouvelle accusation, aussi fausse et plus grave encore que la première. Car, en confessant qu'il avait *été trompé* sur *les circonstances de la mort* de M. Cartellier et en reconnaissant qu'il était faux que ce dernier dût être *le correcteur d'un ouvrage étranger contre la Salette*, M. Nicolas insinue, sur un *dit-on*, que M. le curé de St-Joseph *écrivait lui-même un ouvrage, et préparait une nouvelle guerre qui devait anéantir le fait du 19 septembre. Ainsi,* ajoute-t-il, *M. Cartellier s'élevait encore, et tout seul, contre le miracle.* — Il était donc plus coupable que jamais ! — *Mes erreurs,* dit M. Nicolas, *étaient, par là même, moins graves que la vérité.* — M. l'avocat avait promis *qu'on ne bénéficierait aucunement de ses inexactitudes.* Il tenait parole, comme on le voit (¹).

(¹) Voir L'*Esprit de l'opposition*, etc., p. 28, 31, 32, 96 ; et le Journal *N.-D.-de-la-Salette*, 16 décembre 1866. — Si sévère pour les autres,

Par ces diverses manœuvres, les aveux de M. Nicolas se trouvaient soustraits et dérobés aux lecteurs du Journal *Notre-
Dame de la Salette*, qui avait publié la première calomnie; et,
pour les lecteurs du libelle, ces aveux étaient corrigés et recou-
verts par une nouvelle calomnie qui les effaçait complétement.
— A ce jeu, plus on calomniait, plus on se proclamait modéré
et innocent.—C'est de ce côté *qu'on bénéficiait* évidemment!

Le libelle lui-même était un chef-d'œuvre de déloyale habileté. En discutant, avec toute la passion de l'esprit de parti,
les actes, les écrits, les procédés, les intentions même, toute
une portion de la vie d'un homme, on semblait provoquer,
appeler et autoriser une discussion correspondante et libre.
Pas du tout, la nature des matières et la situation avaient été
si bien choisies, que la lice était entièrement fermée à la défense.
Elle se trouvait en face d'une barrière invincible qu'elle ne pouvait ni ne devait franchir. L'agresseur, au contraire, caché et
blotti derrière la barrière, pouvait tirer et blesser impunément.
Aussi, fort de sa position, M. Nicolas a écrit, le 16 décembre
1866 : « On me prépare, dit-on, une réponse; mais elle *sera
» si difficultueuse* qu'on renoncera probablement à la pu-
» blier.»—Le système de l'attaque est clairement et en toutes
lettres dans ces dernières lignes.

Cette nouvelle agression aussi inutile que déloyale et pas-
sionnée a excité l'indignation. Ne pouvant discuter, on a pro-
testé. Nous avons reçu de différents personnages graves,
laïques et ecclésiastiques, plusieurs protestations généreuses
et toutes signées. Nous en insérons ici quelques-unes seulement,
choisies entre les moins longues et les moins accentuées. Il en
résultera quelques répétitions inévitables ; mais cet inconvénient sera largement compensé par l'attrait, l'intérêt et la force
même qui résulteront de la diversité des aperçus.

Pleins de reconnaissance pour les signatures dont ils sont
en possession, et qui leur ont été données spontanément et sans
la moindre restriction, les parents de M. C. ont pris sur eux
de ne pas les livrer, pour le moment, à la publicité.

M. Nicolas ne l'est pas pour lui. Les plus odieuses et les plus diffamatoires inventions ne sont que de simples *inexactitudes* insignifiantes
dont on a tort de se plaindre, et dont *on ne doit aucunement bénéfi-
cier !* — C'est une morale facile et commode!

PREMIÈRE PROTESTATION.

Je viens remplir un devoir de justice autant que d'amitié.

Il est impossible, d'une part, de se taire devant une attaque déloyale, adressée à une tombe fermée, que n'ont pu faire respecter ni les hommages dont elle est entourée, ni le souvenir des vertus et du caractère essentiellement doux et bienveillant de celui qu'elle recouvre.

D'un autre côté, l'agresseur, humilié et battu sur un premier point, appelle ses adversaires dans une lice qui leur est fermée, et dans laquelle il sait bien qu'ils ne peuvent pas descendre. Je suis donc forcé de lui laisser le facile succès de prétendues victoires remportées sans combat; mais je puis et je dois faire, à l'encontre de son œuvre déloyale, mes protestations et mes réserves.

D'abord, je déclare à l'auteur de l'*Esprit de l'opposition au miracle de la Salette*, etc., que je proteste contre l'insertion, en tête de ce dernier pamphlet, d'une lettre de l'éminent secrétaire des lettres latines à Rome, accordée à l'auteur à propos d'un autre livre bien antérieur, *qu'on n'a pas lu* (¹), et, par conséquent, dont on ne prétend approuver ni les idées ni les développements.

C'est une lettre de simple félicitation sur le zèle rare, empressé (et non pas *éclairé*, comme on se permet de traduire) de l'écrivain envers l'auguste Reine de la terre et du ciel, et qui, placée en tête d'un opuscule qu'elle ne concerne pas, pourrait avoir pour résultat de faire prendre le change et de donner à ce dernier écrit une valeur et une autorité qu'il ne saurait avoir. — Si l'on a visé à une habileté, elle n'est pas de bon aloi, il faut y renoncer.

(¹) Sa Sainteté, dit l'éminent secrétaire, empêchée par tant de sollicitudes et d'occupations, n'a pas pu lire votre livre : *Librum tuum legere non potuit.* — M. Nicolas a fait hommage de son dernier livre à une autre très-grave et très-compétente autorité. Nous savons pertinemment que, cette fois, *on n'a pas voulu en lire une ligne.* — Pour atténuer ou annuler la portée de ce refus, l'auteur a voulu hasarder quelques explications ou insinuations; mais elles ont été repoussées comme *odieuses et téméraires.*

Je proteste, ensuite, contre l'intention qu'on nous suppose de vouloir exalter M. Cartellier, aux dépens d'autres prêtres également respectables ; et nous avouons ne pas comprendre comment la sainte mort et la bonne réputation de l'un peuvent nuire aux autres, uniquement parce qu'ils ont différé d'opinion, sur un point essentiellement libre et tout-à-fait secondaire. D'ailleurs, nous faisons observer que ce n'est pas nous qui avons cherché l'occasion d'une apologie. Nous nous sommes tus sur la tombe de notre ami, laissant à la reconnaissance de ses paroissiens et à l'estime publique le soin de faire son éloge. Mais il a bien fallu relever sa mémoire, alors qu'on voulait la rabaisser et la déshonorer.

Je proteste contre les faits avancés dans l'opuscule, la plupart inexacts, dénaturés, exagérés, ou présentés sous un jour faux, malveillant et défavorable. Il n'en pouvait être autrement avec l'esprit et le système de l'auteur. On sait, d'ailleurs, combien le procédé est facile, pour un avocat surtout. « Donnez-moi seulement deux lignes d'un homme, disait quelqu'un, et je me charge de le faire pendre. »

Je proteste contre l'appréciation tout-à-fait erronée qu'on a faite du caractère de M. Cartellier, de son esprit, de son jugement, de sa valeur intellectuelle et morale, et des motifs qui l'ont animé et fait agir. Il est aussi peu juste de le représenter comme poussé et soutenu par un fol orgueil et un sot entêtement, qu'il serait peu vrai de supposer qu'il eût cédé à des vues d'ambition et d'intérêt terrestre.

Je proteste contre le rôle ridicule et entièrement dénaturé, qu'on a fait jouer, dans une discussion importante, à deux prêtres éminents, MM. Berthier et Genevey, qui, quoique amis intimes de M. Cartellier et partageant toutes ses convictions, n'avaient rien à faire dans le présent débat, et dont l'introduction, ici, ne peut être expliquée que par une véritable fureur de dénigrement. — Aussi, tout a-t-il été violé, convenances et vérité. Transformer des ecclésiastiques aussi éminents par leurs talents, leur vertu, leur caractère et leur position, en des *hommes de côterie*... qui ne disent *que des pauvretés*, c'est de l'absurde le plus odieux et le plus outrageant. Il n'y a que la passion qui puisse pousser à de pareils écarts ([1]).

([1]) Dans les notes de M. Berthier, il y a un compte-rendu bien diffé-

,Je fais de sérieuses réserves, relativement à l'association intime, continuelle et absolue d'efforts et de sentiments, que l'on a cherché à établir entre notre respectable ami et un autre prêtre, dont on comprend tres-bien que nous n'ayons pas à nous occuper ici.

---

rent de celui de M.Nicolas, de la séance et de la discussion auxquelles ce dernier fait allusion. Là, tout est sérieux, consciencieux et grave. Chaque personnage y a et conserve sa vraie et convenable physionomie. On n'y remarque, ni le mutisme, ni les pauvretés, ni le ridicule dont s'amuse M. Nicolas : tant s'en faut! On y trouve, au contraire, un formulaire de questions d'une sagesse et d'une prudence consommées.

À la tête du diocèse de Grenoble, par son esprit, son caractère, ses vertus et sa position, M. le grand vicaire Berthier fut longtemps la main, l'œil et la plume de son vénérable évêque. Il l'avait représenté et remplacé, en 1850, au concile de Lyon, où son esprit fin, sa rare perspicacité et sa grande sagesse furent remarqués de tous les prélats de la province, et, en particulier, de Mgr Parisis, alors évêque de Langres.

L'évêque de Valence, Mgr Chatrousse, qui avait été longtemps son collègue comme grand vicaire, et qui était resté son intime ami, en faisait le plus grand cas. En apprenant la nouvelle de sa mort, il écrivit à un ami commun : « M. l'abbé Berthier laisse chez moi une
» profonde et affectueuse estime et des regrets bien vifs. J'ai connu
» peu d'hommes qui montrassent plus de délicatesse dans l'esprit, plus
» de sagesse dans les jugements, plus de tendresse et de bonté dans le
» cœur. Il joignait à ces rares qualités un grand attachement à la foi
» et une piété sincère. Vous et moi perdons un précieux et digne ami.

» P. évêque de Valence. »

Le même prélat, à propos de la même douloureuse circonstance, écrivant à un membre de la famille du vénérable défunt, lui disait : « M.
» l'abbé Berthier vous laisse un nom honoré par la science, la sagesse,
» la foi, plus encore que par la position élevée qu'il a occupée dans
» le clergé. Montrez-vous de plus en plus digne d'un si beau nom. »

Le respect et l'affluence qui honorèrent les funérailles de M. Berthier furent tels, qu'une autre bouche épiscopale laissa tomber ces belles paroles : « Pour qu'un homme, qui n'est plus rien, reçoive de tels hom-
» mages et ait inspiré de pareils sentiments, il faut qu'il ait eu bien
» des qualités et un bien vrai mérite.»—Après cela, personne ne sera étonné que nous préférions les appréciations de M. Berthier à celles de M. Nicolas.—Nous ajouterons qu'il faut être frappé d'aveuglement pour tenter de ridiculiser des hommes de cette valeur. Des noms, comme celui de M. le vicaire général Berthier, imposent le respect et ne sont pas de ceux qu'on peut repousser avec un ricanement, ou bien c'est le moqueur qui se fait moquer.

Je fais des réserves encore plus sérieuses, sur tout ce qui a été dit relativement aux censures, question dont on ne paraît pas soupçonner toute l'importance, et qui demande, pour être traitée comme il convient, plus d'études que l'agresseur de M. Cartellier n'en a évidemment faites, et bien plus de temps et d'espace que nous ne pouvons et voulons en consacrer en cette occasion.

Je suis étonné que les rapports, l'attitude et la conduite des supérieurs ecclésiastiques envers l'honorable curé de St-Joseph, de Grenoble, jusqu'à sa mort, n'aient pas pu inspirer à son ennemi plus de réserve et de discrétion, plus de défiance de lui-même, et plus de confiance en la perspicacité, la sagesse et la conscience de l'autorité, seule compétente en pareil cas.

Je me borne à ces quelques protestations et réserves générales, inspirées par la conscience et fondées sur une connaissance approfondie des hommes et de la question débattue. J'affirme que je pourrais les accompagner et les fortifier de beaucoup d'autres.

Que l'auteur de tout ce débat me permette de lui faire observer, en finissant, que c'est bien mal servir la religion que de verser sur ses ministres la déconsidération et l'outrage. Et pour suppléer un peu à ce que je ne puis lui dire, je le renvoie à quelques considérations de Bourdaloue qui semblent avoir été faites pour lui : « On a trouvé, dit-il, le moyen de consacrer »* la médisance (¹), et de la changer en vertu, et même dans une » des plus saintes vertus, qui est le zèle de la gloire de Dieu ; » c'est-à-dire qu'on a trouvé le moyen de déchirer et de noircir » le prochain, non plus par haine, ni par emportement de » colère, mais par maxime de piété et pour l'intérêt de Dieu. » Il faut humilier ces gens-là, dit-on ; il est du bien de l'Eglise » de flétrir leur réputation et de diminuer leur crédit. Cela » s'établit comme un principe ; là-dessus on se fait une con- » science, et il n'y a rien qu'on ne se croie permis, pour un si » bon motif. On *invente*, on *exagère*, on *empoisonne* les » choses, on ne les rapporte qu'à demi..... on débite cent

---

(¹) Quel à *fortiori* mettraient, pour la *calomnie*, la logique serrée et la raison inflexible de Bourdaloue !

» faussetés..... et tout cela, encore une fois, pour la gloire
» de Dieu (¹)! »

.« Que de chrétiens, dit avec sa haute sagesse Mgr l'évêque
» de Grenoble, dans son beau commentaire sur l'Epître de saint
» Paul à Tite, que de chrétiens se persuadent que c'est pren-
» dre les vrais intérêts de l'Eglise, de décrier, de diffamer ses
» ennemis! et qui croient avancer l'œuvre de Dieu par leurs
» injustices et leurs violences (²)! »

Ce qui ne serait pas bon à employer vis-à-vis des ennemis de
l'Eglise, pourrait-il l'être à l'égard d'un de ses enfants, d'un de
ses plus vertueux prêtres ?

(Suit la signature.)

DEUXIÈME PROTESTATION.

Dans un *factum* d'une rare malignité, M. Nicolas, se posant
en *haut justicier*, porte contre M. Cartellier une sentence de
mort qu'il fonde sur dix-neuf chefs d'accusation.

Il ne nous est pas possible de les passer entièrement sous
silence, quoiqu'il nous soit interdit, sous les peines les plus
graves, de toucher au fond des choses et de la question.

Nous constatons, d'abord, l'insigne lâcheté d'un procédé
au moyen duquel, sans raison aucune, sinon le désir de perdre
un respectable curé qu'on a juré de flétrir et de déshonorer à
tout prix (pour la plus grande gloire de la Sainte Vierge!),
non-seulement on s'attaque à un mort incapable de se défendre, mais on se place, pour couvrir sa tombe de boue, sur un
terrain où il est impossible au défenseur de la victime d'en
poursuivre l'agresseur.

Evitant donc avec soumission les questions interdites, nous
repoussons, d'abord, le grief que M. Nicolas a tiré de certaines
chansons faites contre la Salette. Ces chansons, coupables à
plus d'un titre, M. Cartellier les a flétries, et les réflexions

---

(¹) Bourd., Sermon sur la médisance, xiᵉ dimanche après la Pente-
côte.

(²) *Les Epît. past. ou réflexions dogmatiques et morales sur les
Epît. de saint Paul à Thimotée et à Tite*, par Mgr l'évêque de Grenoble, p. 371.

graves qu'il a insérées à ce sujet dans son *Mémoire au pape* sont loin d'en être l'approbation.

Trois griefs sont relatifs à l'incident Lamerlière. Or, sur ce point délicat, on s'abstient constamment de remarquer que deux jugements authentiques et solennels des tribunaux ont constaté *l'entière bonne foi, la prudence, l'esprit et les procédés droits et sérieux de M. Cartellier*. Pour détruire ces jugements et amener d'autres appréciations, il appartient à M. Nicolas moins qu'à personne, d'avoir les prétentions d'une Cour de cassation.

Trois autres griefs sont tellement absurdes, que pour les rapporter il faut se faire violence. : 1° « M. Cartellier, dit M. » Nicolas, regarde comme permis ce qui est expressément dé- » fendu, parce qu'aucune peine n'a été attachée à la perpé- » tration de cet acte. »—Imputation gratuite et fausse; 2° « M. » Cartellier, ajoute M. Nicolas, fait des confusions intéressées » et induit de ce qu'une chose est libre dans le domaine privé, » qu'elle est libre aussi dans le domaine public. » —Encore une imputation gratuite et fausse. M. Nicolas ne fait ici que prêter sa logique d'inductions passionnées à M. Cartellier, qui en avait une autre, juste, droite, calme et serrée, quoi qu'en dise M. Nicolas; 3° « M. Cartellier, encore selon M. Nicolas, » se fait une arme de la circulaire du cardinal de Lyon, mé- » connaît l'autorité de son évêque dans son diocèse, et y ins- » talle à sa place celle d'un archevêque qui n'est que métro- » politain. » Manifestement, M. Nicolas a les sens troublés, quand il découvre de pareilles prétentions chez M. Cartellier. — La perturbation est plus manifeste encore, quand on le voit régentant lui-même le cardinal archevêque de Lyon, jugeant sa circulaire, la déclarant inopportune, imprudente et de na- ture à provoquer, dans le diocèse de Grenoble, une insurrec- tion cléricale qui a, ensuite, pour conséquence et punition, l'insubordination du clergé de Lyon contre son chef. —On trouve là un échantillon de la fameuse *logique d'induction et d'insinuation* propre à M. Nicolas. On y trouve aussi une outre-cuidance peu commune.

L'ennemi de M. Cartellier lui reproche vertement la forme anonyme et la publicité données à son *Mémoire* adressé au pape. A ce sujet, voilà ce que nous savons et affirmons être la pure vérité. Le *Mémoire,* il est vrai, n'était pas revêtu de la signature de son auteur; mais M. Cartellier en avait donné connaissance à son évêque, en s'en déclarant l'auteur. Il l'avait ensuite remis en main propre à Son Eminence le cardinal de Lyon, avec son nom et les noms des ecclésiastiques qui y avaient adhéré. Son Eminence voulut bien se charger de faire Elle-même la communication à Rome. Mais, un concours de circonstances inattendues fit que le *Mémoire* parvint au Saint Père, isolé des communications qui devaient l'accompagner. — Personne ne l'a plus regretté que M. Cartellier.

Quant à la publicité donnée au *Mémoire* pendant le recours à Rome, on était parvenu, il est vrai, à arracher à l'auteur une publication exclusivement destinée aux évêques, juges de la foi et des questions qui s'y rapportent. Tout ce qui a dépassé cette formelle réserve a été fait à l'insu et au grand déplaisir du respectable curé, et personne, sous tous les rapports, n'en a plus souffert que lui. Voilà, je le répète, la pure vérité.

Il y a huit autres griefs qui se rapportent à un seul chef principal : les rapports de M. Cartellier avec un prêtre anti-salettiste, condamné par l'autorité diocésaine pour ses écrits contre la Salette, et qui avait été autrefois le professeur, le voisin et le succursaliste du digne curé de Saint-Joseph, en même temps que l'ami intime d'un honorable grand vicaire, très-croyant à la Salette.— C'est dans l'exploitation de ces prétendus griefs, que le diffamateur se complaît particulièrement, parce qu'il croit y trouver le moyen de présenter sa victime sous les plus noires couleurs, et de faire d'un prêtre, digne et entouré d'estime, un homme frappé des anathèmes de l'Eglise, et qui, les méprisant, est tombé dans l'irrégularité, c'est-à-dire un homme qui, comme prêtre, est tombé, a vécu et est mort dans l'avilissement et l'abjection.

Ces énormités, qui trouvent leur condamnation dans leurs propres excès, sont encore le fruit de cette *puissante logique d'induction et d'insinuation* qui a déjà fait de M. Cartellier un prédicateur *de morale immorale*, et de l'éminent cardinal-archevêque de Lyon un *fauteur imprudent et aveugle d'insubordination cléricale* : logique qui ne se contente pas de torturer les faits et les actions, mais qui pénètre jusqu'au fond le plus secret du cœur et empoisonne les intentions.—Il serait facile de renverser ce triste échafaudage, élevé sur des assertions et de prétendues preuves qui ne prouvent pas. Mais des raisons impérieuses de discrétion et de délicatesse nous interdisent cette discussion qui, du reste, n'est pas nécessaire pour faire évanouir le hideux fantôme qui a coûté tant d'efforts à la *logique* de M. Nicolas.

Nous nous contentons de protester contre ces regrettables fictions, au nom de la vie pure et irréprochable, de la droiture et de la bonne foi de M. Cartellier, choses auxquelles son ennemi lui-même a été obligé de rendre hommage.

Nous protestons, au nom de l'estime, de la vénération et de la confiance générale qui ont accompagné le respectable curé jusqu'à sa mort et au-delà de la tombe.

Nous protestons, au nom des faits vus et appréciés sans passion, et des intentions de M. Cartellier, que M. Nicolas ignore et dénature et que nous connaissons parfaitement.

Nous protestons, au nom de la conduite, de la conscience bien informée et du jugement des supérieurs ecclésiastiques, qui, après avoir fait subir à M. Cartellier un interrogatoire sérieux, sur l'étendue et la portée de ses relations avec le prêtre en question, l'ont maintenu jusqu'à la mort à son poste de confiance et d'honneur.

Ainsi, ce que l'autorité ecclésiastique compétente et légitime confirme et honore, M. Nicolas s'efforce de le détruire et de l'avilir; et, après avoir accusé M. Cartellier de vouloir *mettre le métropolitain à la place du prélat suffragant*, il ne se gène pas, lui simple laïque, pour opposer ses appréciations et ses jugements à la conduite et aux actes d'un évêque. Un évêque évidemment ne devait pas faire autorité absolue, pour un homme qui remonte à un cardinal! — On remarquera, en cette circonstance, comme en bien d'autres, que pour mieux perdre son ennemi, M. Nicolas lui prête ses propres travers. Telle est la tactique de ce *grand logicien*, contre celui qu'il appelle avec dérision le *grand syllogiste* Cartellier.

Pour arracher M. Cartellier à ces contrefaçons, le rendre à lui-même et le montrer tel qu'il est, nous citons ici la page par laquelle il termine ses notes privées sur la question de la Salette, question qui lui attire les inqualifiables attaques dont il est depuis quelque temps l'objet.

Page textuellement extraite des manuscrits de M. Carfellier.

« Que faire de mes manuscrits?..... Je veux, sans aucun
» doute, procurer le bien et non faire le mal. Alors que mon
» œuvre ait le sort que demandera le bien de la religion.

» Je ne parle pas des erreurs accidentelles; mais si je m'étais
» trompé sur le fond des choses, j'appelle sincèrement la
» destruction de ces volumineux cahiers; qu'ils ne subsistent
» pas un jour.

» Quand même j'aurais, comme je le crois fermement, sou-
» tenu la vraie cause, je veux qu'ils restent dans l'oubli, si,
» pour qu'ils en sortent, il faut aller contre l'autorité et les
» lois canoniques.

» Je soumets, sans restriction aucune, à l'Eglise, tout ce que
» j'ai écrit, voulant ce qu'elle veut, réprouvant ce qu'elle ré-
» prouve. Quand même mes humbles écrits ne méritent pas
» cette solennité de profession de foi, il m'est doux de la faire,
» la conscience ne peut trop se rassurer contre le dernier jour.

» La Sainte Vierge sait que je désire ardemment l'extension
» de son culte ; elle sait comme j'aime reconnaître ses bienfaits
» et ses priviléges. J'ose lui rappeler que je lui ai donné avec
» bonheur, toute ma vie, le titre d'*Immaculée* qu'il n'est plus
» permis à présent de lui refuser. J'ose encore lui demander
» s'il n'est pas vrai, qu'en combattant la Salette, j'ai voulu
» combattre ce que je crois être une erreur, capable de porter
» un préjudice grave à la plus chère des dévotions. Oh!
» non, mille fois non, je n'ai pas voulu attaquer la dévotion
» envers la Sainte Vierge!!!

» Pourquoi ici ne déposerais-je pas aux pieds de cette divine
» Mère les sentiments qui m'ont animé? Je lui dis donc : Bien-
» heureuse Vierge, recevez mon hommage et mon amour.
» Nous reconnaissons tous votre puissance, nous savons votre
» bonté. Dieu nous garde de venir peser vos priviléges et vos
» bienfaits au poids trompeur d'une sagesse tout humaine!

» Peut-on craindre d'excéder dans votre louange, pourvu
» qu'on vous reconnaisse inférieure à Celui dont vous êtes
» vous-même le plus bel ouvrage? Peut-on trop favoriser
» votre culte? Il produit tant de vertus! Si l'innocence lève
» vers vous ses mains pures, c'est vous qui l'avez protégée.

» Et le repentir connaîtrait-il l'espérance, si vous n'étiez son
» refuge? Ainsi pense tout catholique.

» De plus, Auguste Souveraine, nous faisons partie d'un
» peuple qui est votre peuple particulier. Où, en effet, avez-
» vous reçu plus d'honneur que dans ce pays de France, et
» dans quelle contrée avez-vous répandu plus de bienfaits? Si
» donc vous veniez avertir de ses erreurs cette nation au fond
» toujours chrétienne; si vous veniez nous montrer les abîmes
» qui nous entourent, cette prévenance de votre charité ne nous
» trouverait ni incrédules ni ingrats.

» Mais, ô notre bienfaitrice, vous imprimez à vos œuvres
» des caractères qui les distinguent. Nous ne saurions accueil-
» lir ceux qui ne peuvent pas montrer que vous les avez en-
» voyés. En usurpant votre nom, et abusant du bonheur et de
» l'empressement que nous avons à recevoir tout ce qui semble
» venir de vous, ils attireraient la déconsidération sur la dévo-
» tion la plus utile et la plus sainte, et ils vous exposeraient
» vous-même, ô divine Mère, en spectacle de dérision et de
» mépris. Ainsi notre amour même nous fait craindre; c'est
» lui qui nous éloigne de ce qui ne paraît pas marqué de votre
» aimable sceau. Vinssions-nous à nous tromper, une erreur
» qui aurait pour principe votre amour nous obtiendrait de
» vous, Vierge clémente, l'indulgence et le pardon. »

On trouve dans cette page un échantillon de l'esprit qui
anime les œuvres de M. Cartellier. — Nous savons aussi que,
quand il devait s'occuper d'une recherche importante relative
à la Salette, il disait la messe à cette intention à la chapelle de
la Sainte Vierge.

Extrait textuel du testament de M. Cartellier.

« J'ai beaucoup écrit sur la question de la Salette. Sans
» doute, je voudrais que ma faible œuvre pût servir au bien et
» à la vérité. Je n'ai pas travaillé dans un autre but; autre-
» ment je n'aurais pas eu une conviction arrêtée. Mais je ne veux
» pour mes faibles écrits, aucune publicité en dehors des règles
» canoniques: qu'on ne fasse donc rien, ou qu'on agisse régu-
» lièrement. Un prêtre doit être soumis à l'Eglise.....»

Ainsi peint par lui-même et par ses œuvres, M. Cartellier,
comme on le voit, est bien loin de ressembler au rebelle opi-

niâtre *digne d'être frappé de toutes les foudres de l'Eglise,*
et au *conspirateur* coupable que la vengeance divine est obligée
d'arrêter et de punir de la manière la plus terrible.

(Suit la signature.)

TROISIÈME PROTESTATION.

Pendant que le calomniateur de l'ancien curé de Saint-Joseph, de Grenoble, parle et agit à son aise, nous, provoqués sur
un terrain qui nous est interdit sous les peines canoniques
les plus graves, nous ne pouvons que nous taire. Il nous est
même défendu d'avoir et de lire certaines pièces du procès,
qui nous seraient nécessaires pour la défense. De là, l'impossibilité de suivre M. Nicolas.

Je me bornerai donc à quelques réflexions sur des points
moins inabordables.

Selon M. Nicolas, « M. Cartellier *jouissait d'une* remar-
« quable et peu commune fausseté de jugement.... entêté...
« travaillant dans l'ombre comme un termite.... aussi soumis
« à l'extérieur qu'il l'était peu à l'intérieur.... il ne pliait ni
« devant les majorités ni devant la raison ; et il demeura in-
« croyant, alors qu'il n'avait pas de motif de l'être ; et que
« son opinion était devenue irraisonnable et injustifiable de
« tous points. — L'amour-propre ne lui a pas permis de se
« déjuger..... »

Ce portrait de pure fantaisie est le contraire de la vérité.
M. Nicolas lui-même proclame, dans un autre endroit, la *bonne foi,* la *droiture* et *la parfaite honorabilité personnelle*
de M. Cartellier.

Pour moi, qui ai vécu vingt ans dans l'intimité de cet excellent prêtre, j'atteste que personne n'était moins capable que
lui de violer systématiquement cette maxime d'un ancien : « Il
» est sage quelquefois de changer de manière de penser,
» et on n'a jamais loué l'attachement opiniâtre à une même
» idée (¹). » — J'affirme que M. le curé de Saint-Joseph
était la bonté, la modestie, la simplicité, la franchise, la

(¹) *Sapientis est mutare sententiam, et nunquam laudata fuit in
una sententia permansio.*

loyauté, la droiture même, et, j'ose dire, le bon sens incarné·
Chaque jour, je bénis la Providence qui m'a fait jouir des
exemples et des conseils d'un ecclésiastique aussi parfait ;
j'aime à me le représenter dans toutes les circonstances où
j'ai été témoin de ses paroles ou de ses œuvres, mais surtout
dans les épreuves. Il aimait beaucoup et répétait souvent cette
parole du vieux Matathias : *Moriamur in simplicitate nos-
trâ.* » — C'était comme sa devise.

Peu de temps avant sa mort, à la veille de son dernier
voyage à Vichy, s'entretenant avec moi, avec sa sagesse et sa
bonté ordinaires, il me parlait de sa mort prochaine : « *Je sais*,
dit-il, *que mon dernier moment n'est pas loin.* »—Ces paroles, quoique dites avec une sérénité parfaite, m'attristèrent, et
je voulus détourner la conversation ; mais il continua :« *Quand
on voit venir la mort, on s'y prépare mieux et l'on règle
toutes ses affaires....* Voilà le coupable *conspirateur* de Vichy!! l'ennemi de la Sainte-Vierge!! et devenu, pour cela, *un
exemple effrayant de la justice* de son divin Fils !

J'avoue que M. le curé de Saint-Joseph était sur ses gardes
à l'endroit des nouveaux miracles, et il devait l'être plus que
personne ; car il avait vu les premiers et les plus respectables
de ses adversaires, pleins d'une foi vive et ardente à des miracles antérieurs et étrangers à la Salette, reconnus faux après
vingt ans. Il les avait vus, victimes de la plus audacieuse su-
percherie, prosternés et en adoration devant des choses qu'on
n'a pas même osé nommer, quand, vingt ans après, la vérité
les a éclairées de sa lumière. Il avait eu la douleur de voir,
dans son canton, de son presbytère et sous ses yeux, s'ériger
des monuments en actions de grâces, et des chapelles pour en
perpétuer le souvenir. — Non, je le proteste, M. Cartellier,
simple et droit, n'avait pas cet abominable travers d'entêtement et d'orgueil qu'on affecte de lui prêter ; mais il était resté
comme effrayé de semblables entraînements, et des conséquences que les esprits mauvais ou superficiels pourraient en
tirer.

M. Nicolas *a eu soin*, dans une note, de faire *remarquer
la coïncidence de la maladie* de M. Cartellier avec *le commencement de son opposition à la Salette.* J'ignore ce qu'il
en est de cette coïncidence ; mais je ferai observer, à mon tour,
que plusieurs personnes très-croyantes ont été frappées de

mort sur la montagne même de la Salette ; —qu'un des plus grands et des plus ardents défenseurs du miracle a été atteint, sur les rampes de la montagne qu'il gravissait en pèlerin, du mal cruel qui l'a enlevé de ce monde ; — qu'un autre a été frappé de mort subite, peu de temps après s'être livré à un acte inouï de zèle en faveur du miracle, etc., etc. Dieu me préserve de rien conclure de ces douloureux accidents ; je me borne, ici, à suivre le conseil du Saint-Esprit, qui dit : *Répondez au sot selon sa sottise : Responde stulto juxta suam stultitiam ne sibi sapiens videatur* (Prov. 23-5).

La sottise est montée à son comble quand, s'attaquant au vénérable et saint cardinal de Lyon, le pamphlétaire a osé le juger et le blâmer, trouver sa conduite *inopportune, imprudente, excitant à la révolte le clergé d'un diocèse voisin*, dont l'aveugle métropolitain ne connaissait pas l'état, et a eu, par suite, à déplorer l'insubordination de son propre clergé [1]. Que de choses et de personnes respectables outragées en quelques lignes ! Il faut être singulièrement confiant en soi-même, pour avoir la présomption de se faire, en matière de prudence et de sagesse, comme le précepteur d'un primat de l'Eglise, d'un cardinal, d'un vieillard éminent et consommé en doctrine et en sagesse ! — Plus que personne, dans toute l'Eglise de France, Son Eminence le cardinal-archevêque de Lyon avait le droit de ne pas être enseignée et remontrée par le premier venu, surtout dans un acte public et solennel de son ministère.... M. Nicolas se révèle ici ; et il n'est plus étonnant qu'il attaque et vilipende de simples prêtres !

M. Nicolas est ridicule quand il affecte d'appeler M. Cartellier *le chef suprême des opposants.* Ceux qu'il désigne ainsi n'obéissent à aucun chef, et ne subissent aucune influence de parti ; ils ne relèvent que de leurs convictions et de leur conscience. M. Cartellier, au reste, ne pouvait pas être le *chef suprême* de M. Berthier, son supérieur hiérarchique, comme premier vicaire général du diocèse, et encore moins des évêques et archevêques qui partageaient ses convictions. — M. Nicolas, qui a, au suprême degré, *la jaunisse* de l'esprit de parti, voit tout de cette couleur.

---

[1] *L'Esprit de l'opposition*, page 90.

Ce croyant empirique est plus ridicule encore, il est même compromettant, quand il donne à entendre que la Salette *est un miracle proclamé par l'Eglise*, et qu'en ne l'admettant pas, *on s'insurge contre elle*. — « L'Eglise catholique, a dit « un esprit éminent, n'a pas de plus dangereux ennemis que « les laïques théologiens. »

M. Nicolas se glorifie, il est vrai, d'avoir *un flair* exceptionnel ; mais la méthode *du flair* est inouïe dans l'Eglise. Le fanatique Jurieu a eu quelque chose d'approchant ; mais il est loin de l'avoir fait adopter par les catholiques.

En ne croyant pas à la Salette, M. Cartellier, dit M. Nicolas, *pensait comme Renan*. Pourquoi ne pas dire qu'il pensait, en cela, comme beaucoup d'excellents chrétiens, beaucoup de saints prêtres, comme des évêques, des archevêques, etc., etc.? C'était plus naturel, plus logique, plus décent, et surtout plus vrai. Mais ce n'est pas la vérité, c'est de l'odieux et du venin qu'il faut à ce prétendu avocat de la Vierge qui est la douceur même, *dulcedo* ! Or, personne, ici, n'est plus Renan que lui, lui qui habille toutes ses calomnies contre la mémoire de M. Cartellier à la mode chère et familière à ce sophiste haineux et impie : avec des *peut-être*, des *dit-on*, des *on m'a fait savoir*, etc., etc.

« Ainsi, par exemple, il écrit : M. Cartellier est mort à Vi- « chy, sans pouvoir commencer la nouvelle guerre qu'il avait, « *dit-on*, projetée contre le miracle. » — Le caractère, les sentiments, le testament, l'état de santé de M. Cartellier, tout proteste, moralement et physiquement, contre cette calomnie. N'importe, au moyen d'un *dit-on* perfide, on l'insinue, sans paraître trop calomniateur.— Voilà du Renan !

C'est encore une calomnie de faire de M. Cartellier *l'éducateur*, *l'inspirateur*, *le collaborateur et co-auteur* d'un autre prêtre anti-salettiste, qui, tout le monde le sait, n'avait nul besoin de cela. J'ai pu, mieux que personne, connaître la nature et la raison de leurs rapports réciproques, j'affirme que la première pensée de M. Cartellier, en recevant son confrère chez lui, a été une pensée de délicate charité, qu'il est inutile d'exposer et de motiver ici, et encore plus de chercher à faire croire et comprendre à son haineux adversaire. Mais je proteste qu'elle était vraie, noble et sagement motivée.

En voyant tant de faussetés et de folies, j'éprouve un profond dégoût pour ceux qui en sont les auteurs, et je demande à M. Nicolas s'il croit encore que *c'est l'auguste Mère de Dieu qui lui a mis la plume à la main !*

Suit la signature.)

QUATRIÈME PROTESTATION.

Un ecclésiastique très-honorable d'un diocèse étranger, après avoir reçu et lu la brochure de M. Nicolas, répondit à celui qui la lui avait adressée :

« 27 uille 1866.

« Mon cher ami,

« Je vous trouve trop ému d'une œuvre qui ne peut exciter
« tout au plus que le dédain et le mépris. — La brochure que
« vous m'avez envoyée m'a causé cette impression. C'est la
« plus grande humiliation qui puisse être infligée à ces zéla-
« teurs sans zèle, et surtout sans charité qui n'ont d'atten-
« tion qu'à dénigrer. Pas une phrase, pas une ligne, pas un
« mot qui serve à la piété envers la Sainte-Vierge ; rien qui
« serve à établir sur une base plus solide la dévotion à la
« Salette, devenue pourtant imposante à certains titres. Son
« seul caractère est celui d'une querelle de....., déguisés
« en chevaliers-servants d'une cause qu'ils ne définissent
« pas » ...... (Suivaient des choses trop accentuées pour que
nous puissions les reproduire ici.)

(Signé.)

Un laïque honorable, très-bon chrétien et haut placé, qui avait été prié de procurer un exemplaire de la brochure de M. N. à M. le curé de P., a écrit à ce dernier en ces termes :

« Grenoble, 23 juillet 1866.

« M. le curé,

« J'ai entre les mains la fameuse, ou plutôt la triste et très-
« triste brochure de M. N.

« Vous connaissez mes sentiments à l'égard de la Salette ;
« mais franchement, cette brochure est si abominable, qu'elle
« ne peut émaner, suivant moi, que d'un misérable ou d'un
« fou; toutes les âmes vraiment chrétiennes ne peuvent éprou-
« ver qu'un sentiment de dégoût, en lisant de pareilles ergo-
« teries.

« Le mien est tel, que je me crois obligé en conscience de
« n'être en aucune manière le propagateur d'un semblable
« *factum*. — Permettez-moi donc de me refuser à vous l'en-
« voyer, je ne saurais vraiment m'en faire l'intermédiaire.

« Un missionnaire de la Salette, que je viens de voir à l'ins-
« tant, m'autorise à vous assurer que toute leur communauté
« est indignée de cette brochure et la déplore sincèrement. »

(Signé.)

« Du courage, écrivait encore à M. le curé de P. un autre
« laïque, également honorable et bon chrétien, le 8 juillet
« 1866 : laissez faire l'esprit de parti. Les honnêtes gens, qui
« ont connu M. votre frère, savent l'apprécier. Ce n'est pas un
« folliculaire sans conscience qui pourra ternir l'estime que
« M. votre frère a su conquérir parmi les populations au mi-
« lieu desquelles il a vécu si longtemps.

« Je sais que, dans une circonstance mémorable, des hommes
« de l'opinion de M. Nicolas s'étaient oubliés jusqu'à dire du
« plus saint curé des temps modernes, qu'il était *un ignorant,*
« *un bredouilleur, un violateur de sceau sacré de la con-*
« *fession*, etc. — Vous voyez, M. le curé, que M. votre frère se
« trouve insulté en bonne compagnie..... » Courage donc....

(Signé.)

Il nous serait facile de multiplier de pareilles citations. —
M. Nicolas, dans une lettre privée, se plaint d'avoir reçu de
tous côtés, des reproches, des injures, des menaces même.
Nous l'ignorions complétement. — Quant à nous, nous n'avons
reçu, de tous côtés, que des marques d'intérêt et de sympathie,
des témoignages de consolation et d'encouragement, au milieu
de cette épreuve inattendue.

L'iniquité, cette fois, a été si flagrante, qu'elle n'a pas pu
tromper l'opinion, et elle s'est trouvée prise dans les filets
qu'elle tendait aux autres : *Mentita est iniquitas sibi.*

§ VII.

Nouvelle agression de M. Nicolas et du Journal N.-D. de la Salette, 16 décembre 1866.

Quelque temps après avoir lancé le libelle, où il a cru sans doute avoir porté le dernier coup à sa victime, M. Nicolas a ouvert avec M. le curé de Poliénas une correspondance, dans laquelle il paraît s'être proposé pour but de justifier sa conduite. Il a écrit successivement trois lettres dont voici les dates : 27 juillet. — 16 août. — 30 août, 1866.

En essayant de motiver ce qu'il avait publié contre M. Cartellier, l'agresseur ne pouvait et n'a fait que tourner le fer dans les plaies qu'il avait ouvertes. Aussi, M. Nicolas le sait, le cri des blessés et des victimes a-t-il été plus plaintif et plus vif.

Ç'aurait été sans doute une consolation, pour nous, de faire part aux âmes justes et honnêtes de ce douloureux et particulier épisode de la lutte. Mais, tout considéré, nous avons préféré, pour le moment, de continuer notre système de longanimité et de patience, qui n'a poursuivi jusqu'ici que les attaques publiques et persévérantes, et encore au pas lent de la justice.

Quant à M. Nicolas, il a d'autres instincts et d'autres procédés. Décidément, il ne peut point avoir de paix. Après avoir usé du journal et du pamphlet, il a essayé de la lutte particulière. — Puis, après celle-ci, il a repris de lui-même la lutte publique, le 16 décembre 1866.

Sans raison ni provocation aucune, il est revenu à sa victime, ou plutôt, à ce qu'il a écrit contre elle : *ad vomitum suum*, pour nous servir d'une figure que les Livres saints appliquent à l'imprudent, au sot qui revient à sa sottise, *qui iterat stultitiam suam.*

De son côté, le Journal *N.-D. de la Salette, qui, dit-il, n'aime pas les discussions*, qui a fermé ses colonnes à la défense de la victime, pendant que l'oppresseur en usait et abusait à son aise, s'est empressé de les ouvrir de nouveau à ce dernier.

Le journaliste accompagne même le nouvel et étrange article de son complice, d'une réclame en faveur du pamphlet : *l'Esprit de l'opposition à la Salette, ou M. Cartellier, curé de St-Joseph, à Grenoble.* — Une note annonce qu'il *se vend dans les bureaux du journal à Muret, 1 fr.* 25.

« La publication de l'article du 16 décembre 1866 a pour
« but, dit M. Nicolas lui-même, de satisfaire plusieurs per-
« sonnes étonnées, qui lui ont demandé la raison, *le pourquoi,*
« de sa dernière brochure. »

Nous copions et donnons ici textuellement la réponse qu'il leur fait, sans quoi on ne pourrait pas y croire :

« Je me suis, dit-il, fait bien des fois, et tout le premier, la
« question que l'on m'a adressée. Je me demandais bien sou-
« vent *le pourquoi* de mon écrit. J'interrogeais de tout côté,
« pour savoir si je devais m'arrêter, prêt à faire l'un ou l'au-
« tre, suivant l'avis qui me serait donné. Je ne recevais rien
« qui pût m'éclairer sur ce point. Ce silence était-il une ap-
« probation ou une improbation ? Je l'ignorais. J'étais dans
« une obscurité complète. L'impression fut bien souvent in-
« terrompue par cette cause ; aussi, commencée le 12 mars,
« elle n'a été terminée que vers le milieu de juillet. Enfin,
« l'écrit parut ; et c'est seulement dans les premiers jours de
« septembre, que j'ai eu l'explication de ma conduite, que je
« ne comprenais nullement, et que j'ai su que j'avais fait et
« obtenu des résultats importants (1). »

Si l'on en croit donc M. Nicolas, il a écrit et publié son der-
nier *factum* contre M. Cartellier, *sans savoir ni pourquoi ni comment !* — Il avoue avoir été dans *la même ignorance*, quand il fit son *article nécrologique* du 1er octobre 1865. — Ainsi, le coupable le confesse, son œuvre entière contre M. Car-

---

(1) Journal *N.-D. de la Salette*, 16 décembre 1866.

tellier est, d'un bout à l'autre, une œuvre de *complète obscurité*, une œuvre de ténèbres !

Cependant, le 22 juillet 1866, M. Nicolas écrivait :

« Après avoir beaucoup prié et consulté, *j'ai enfin pu et* « *dû croire que j'accomplissais un devoir*, et j'ai pour « suivi et terminé mon œuvre sans me laisser déconcerter [1]. »

— Mais, si M. Nicolas était alors dans *une obscurité complète* , et ne savait *pas pourquoi* il agissait, comment pouvait-il *avoir la conscience qu'il accomplissait un devoir* ? et, surtout, une conscience formée par la prière et les conseils, et, par ce moyen, devenue *inébranlable*?—quand M. Nicolas ne l'aurait pas avoué, on sent, ici, qu'on est dans l'obscur et le ténébreux.

Autre profonde obscurité! Ce serait un tissu de grossiers mensonges qui aurait dissipé les mystérieuses ténèbres de M. Nicolas, éclairé et justifié son œuvre ! Ecoutons l'explication qu'il donne de cet étrange phénomène moral, explication qu'il n'a eue lui-même, dit-il, que *dans les premiers jours de septembre 1866*, par les faits qu'il a appris alors et qu'il raconte ainsi :

« Voici les faits tels que je les ai appris : »

« Une nouvelle ligue opposante, plus dangereuse peut-être « que l'ancienne, ayant, comme elle, M. *Cartellier pour ora* « *cle* et *pour chef*, s'était formée depuis quelque temps.....

« Elle avait eu *de hauts et grands succès*, et obtenu des ré « sultats importants, *dans notre pays*.... Elle s'était *dirigée* « *vers Rome*, et y avait eu *une réussite inespérée*...Ses grands « moyens étaient, d'un côté, le relèvement des anciens oppo « sants de l'Isère, surtout de M. Cartellier aîné, dont la « science et la conscience étaient présentées comme des fon « dements sérieux ; et, de l'autre, l'abaissement des croyants, « et notamment des principaux d'entre eux, qui étaient trai « tés avec un sans-façon peu commun. Ainsi, Mgr de Bruillard « était un vieillard *tombé dans l'enfance, n'ayant pas la* « *conscience de ses actes.* — M. Gerin, curé de la cathédrale « était *riche par le cœur, mais très-pauvre par la tête.* — « Le savant M. Rousselot était un homme endetté, *fabricant* « *de faux miracles pour faire des livres et payer ses dettes*

---

[1] Lettre à M. Cartellier.

« *avec leur produit.* — Mgr Ginoulhiac était un incroyant,
« qui *n'appuyait le miracle que par position, par succes-*
« *sion et intérêt.....* Il y avait des *conciliabules* secrets, des
« *embauchages* individuels..... Mgr Ginoulhiac répondit,
« dit-on, avec énergie, et poussa même plus loin....; mais,
« malgré tout, et nonobstant une réponse péremptoire du
« prélat, le mal continuait. M. Rousselot, dont on avait tant
« redouté la vigilance et la plume, était malade, puis mort....
« Il était donc devenu nécessaire de faire une publication
« qui remît à sa place chaque personnalité et chaque chose !
« C'est alors que (M. Nicolas), qui a naturellement *le flair de ce*
« *qui peut être favorable ou nuisible à la Salette,* parut
« et menaça de publier l'histoire antisalettiste de M. Cartellier,
« pour le faire descendre du piédestal sur lequel on le hissait.—
« Dès ce moment, *la ligue fut décontenancée, la division*
« *se mit dans son sein ;* et M. le curé de Poliénas, dont on
« s'était servi, resta presque seul sur la brèche ([1]). »

En lisant ces lignes malheureuses, humiliantes, nous dirions
presque honteuses, on ne peut s'empêcher de hausser les
épaules de pitié, d'indignation et de mépris. — Pauvre M. Nicolas ! comme on se joue de lui, puisque, dit-il, *il n'invente*
rien, et qu'on lui souffle tout ! à quelles indignes et com-
promettantes inspirations il se livre ! — Quand il composait et
publiait son *factum,* de son aveu, il *ne savait pas ce qu'il*
faisait. — A présent, il ne sait pas ce qu'il dit; car il n'y a pas
un mot de vérité dans tout ce qu'il vient d'inventer et de débi-
ter avec tant d'emphase. — Que parmi ceux qui auront le courage de lire la polémique de M. Nicolas, l'on interroge qui l'on
voudra tant soit peu sensé, croyant ou incroyant, à Grenoble,
dans tout le diocèse, Mgr l'Evêque le premier, puisqu'on a
l'indélicatesse de le mettre en scène avec tant d'inconvenance,
et on verra si M. Nicolas ne fait pas à tous l'effet d'un Don-
Quichotte qui se heurte à de vains fantômes, prend des brebis
pour des chevaliers bardés de fer, ferraille sans savoir ce qu'il
fait, et chante ensuite sa ridicule victoire.

Emporté, sans doute, par son imagination chevaleresque, et
égaré par ce qu'il appelle *son flair salettiste,* M. Nicolas a

---

[1] Journal *N.-D. de la Salette,* 16 décembre 1866, p. 1100.

oublié qu'il n'a cessé, dans tous ses articles bien antérieurs *au mois de septembre 1866,* de reproduire à satiété la plus grande partie et tout le fond des choses qu'il dit, aujourd'hui, *avoir apprises aux premiers jours de septembre 1866,* et qui lui auraient, *alors seulement, donné l'explication d'une œuvre qu'il avait faite jusque-là en pleine obscurité, sans savoir pourquoi,* et comme dirigé et conduit par une main invisible et mystérieuse. — On sent, ici, *que le flair* de M. Nicolas le fait viser au merveilleux et à l'inspiration : qu'il s'en défie ! mieux vaut la bonne droiture et la simple vérité (¹).

(¹) Tout l'article du 1er octobre 1865 est basé, motivé et roule « *sur* » *une triste conspiration opposante, dont* M. Cartellier *est donné* » *comme le chef suprême.* » — Le 16 janvier et le 1er février 1866, M. Nicolas savait déjà de science certaine et il publiait: *qu'on voulait dresser un piédestal à M. Cartellier et rabaisser et ravaler de hauts et saints personnages qui lui avaient été opposés.*—Le 26 février 1866, il répétait *qu'on voulait relever la mémoire d'un mort, pour rabaisser plusieurs vivants !*—Au mois d'avril 1866, il voyait et connaissait à fond *tout un camp d'opposants, et il parvint à y mettre la division.* M. le curé de Poliénas *n'eut plus, pour lui, qu'une petite fraction inconsidérée, etc., etc.*

Dans ces différents articles, M. Nicolas ne cesse de se vanter de *connaître à fond les opposants, de savoir mieux ce qui se passe, parmi eux, que* M. Cartellier *lui-même;* il *flaire* et devine jusqu'à leurs intentions. Mais il saura bien les *arrêter* et les *humilier,* et il *ne préparait son dernier* libelle que dans ce but, etc.

Quand donc M. Nicolas dit, aujourd'hui, qu'il ne *savait pas ce qui se passait; qu'il travaillait dans une complète obscurité, sans savoir pourquoi; qu'il n'a été éclairé qu'au mois de septembre 1866,* il est en flagrante contradiction avec lui-même, et il cache son savoir, pour paraître avoir agi sous une autre influence que la sienne. — Ah ! que ce jeu est mauvais et dangereux ! Comment ne le voit-on pas? — Simuler l'ignorance, dissimuler sa passion, pour faire croire à l'inspiration, à l'illuminisme! quels moyens !!

« Déjà, en 1854, 1855 et 1856, trois fois, à un an d'intervalle chaque » fois, étant allé à Lyon avec le projet arrêté et un extrême désir de » pousser jusqu'à Ars, M. Nicolas affirme, sans broncher, pag. 136-137 » de son dernier livre, que la même main et le même esprit invisibles et » mystérieux, par une impulsion invincible, le forcèrent prudemment » de retourner à son hôtel; parce que, alors, l'incroyance du saint » curé d'Ars à la Salette aurait rendu bien froide sa propre foi à ce » miracle et l'aurait paralysée dans son action.—Mais, dans le courant » du mois de juin 1858, il put effectuer son pèlerinage à Ars, sans au- » cune opposition, parce que, à cette époque, ayant publié deux édi-

Le prétentieux et inqualifiable article du 16 décembre dernier traîne après lui un long *post-scriptum* qui remplit presque toute une colonne du journal. M. Nicolas a appris, par un affidé, « que le mausolée élevé, dans le cimetière de
» Grenoble, à M. le curé de Saint-Joseph, a quatre faces, sur
» chacune desquelles se trouvent des inscriptions. Il n'a rien
» a relever à celles qui figurent aux 1re, 2e et 4e faces : mais il
» ne peut pas laisser passer un des textes de la troisième,
» ainsi conçu : *Vir Dei es tu, et verbum Domini in ore tuo*
» *verum est : Tu es un homme de Dieu, et la parole du*
» *Seigneur est vraie dans ta bouche.* — M. Nicolas fait une dissertation pour prouver : 1° que l'*inscription est inutile;* 2° *qu'elle est malheureuse.*

En le voyant s'acharner, presque *tout le long d'une grande colonne* de journal, contre cette inscription, on dirait un rep-

---

» tions en faveur de l'apparition, et ayant par-là même brûlé ses
» vaisseaux, comme on dit, sa croyance ne pouvait plus être ébran
» lée. »—Quels aveux!!—et en même temps quelle constante et dangereuse préoccupation d'une assistance particulière et mystérieuse!
Cette prétention à l'inspiration rend M. Nicolas si confiant et si sûr de lui-même, que, non content de se lancer contre ses adversaires avec hauteur et à tort et à travers, il ne craint pas de contredire et de démentir parfois ses propres maîtres et compagnons d'armes. C'est ainsi que (pag. 141, 142 de son dernier livre), malgré les attestations formellement contraires de M. Rousselot et du berger de la Salette lui-même, il admet et affirme la réalité, si souvent niée, du démenti de Maximin à Ars, ainsi que la nette et formelle connaissance qu'en a eue le saint curé. Seulement, ce démenti n'aurait été, selon M. Nicolas, qu'une espièglerie, une farce de l'étourdi et rusé petit pâtre, qui voulait expérimenter si le curé d'Ars serait assez saint pour discerner un mensonge d'avec la vérité. —Cette opinion tardive de M. Nicolas, contraire à ce qu'il a écrit lui-même jusqu'ici sur ce point, et les explications qu'il donne, pourront peut-être paraître hardies à quelques-uns de ses amis; mais, à quoi bon l'illumination particulière, si on pensait et si on parlait toujours comme les autres ! — Nous laissons aux lecteurs le soin de juger cette conduite, et de faire les réflexions graves qu'elle comporte! — (Pour les affirmations contraires de M. Rousselot et du berger, voir *Un nouveau sanctuaire à Marie*, par M. Rousselot, pages 126, 127 et suivantes ; — et une *lettre de Maximin Giraud à M. le curé d'Ars*, Grenoble, 21 novembre 1850, dans l'opuscule : *M. Viannay, curé d'Ars, et Maximin Giraud*, ou *La vérité récupérant ses droits*, pag. 29 et 30.)

tile qui rôde autour d'un tombeau, pour pénétrer, déchirer et souiller ! Détournons la tête.

M. Nicolas est vraiment à plaindre ! Et ceux qui par leurs faux rapports, alimentent, mettent en jeu un pareil esprit et une semblable imagination, et qui sèment ainsi la division, l'irritation, la zizanie, le scandale, sont bien coupables ! Les uns et les autres ne peuvent que déshonorer et discréditer leur cause. — Qu'ils se rappellent donc, une bonne fois, cet avis d'un ancien sage : Que Dieu et la Sainte Vierge n'ont pas besoin de mensonges !

QUELQUES MOTS POUR CONCLURE.

Arrivés au terme de ce travail, nous sentons le besoin de demander pardon au lecteur, pour toutes les discussions fatigantes et les tristes détails dont nous l'avons entretenu. Sans doute nous aurions voulu lui épargner cette peine, et à nous cette douleur. La dissension est si affligeante entre chrétiens ! Elle est d'ailleurs si peu dans notre caractère et dans nos habitudes ! Longtemps nous avons hésité, nous nous sommes demandé si nous ne ferions pas mieux de nous taire, et de laisser sous le mépris public, qu'ils se sont attiré, les misérables articles du journal de Muret et le pauvre *factum* élaboré à Marseille. Mais ce silence devenait-il possible en présence des airs de triomphe que l'on se donnait, de l'importance que s'arroge depuis longtemps l'auteur de l'agression, et qu'on semble vouloir lui laisser prendre ; en présence de la persistance de ses attaques, des malveillants propos qui continuaient à circuler, et de la fâcheuse impression que tout cela devait produire sur beaucoup d'esprits ? — Devions-nous laisser supposer que nous n'avions rien à répondre ? N'y avait-il pas lieu de redouter l'abus qu'on aurait pu faire plus tard de notre silence ? N'aurions-nous pas trahi les plus saints devoirs de la religion, du sang et de l'amitié, en laissant planer et peser de si gros nuages sur une mémoire sacerdotale vénérée et chérie? Et puis, pouvions-nous permettre à certains hommes de s'arroger le droit de tout oser, de tout dire, d'employer tous les moyens pour arriver à leurs fins, sans conteste, sans réclamation? En vérité, il nous a semblé que la charité ne devait pas aller jusque-là.

Et qu'on ne dise pas que nous avons saisi avec empressement cette occasion de faire du bruit autour d'une question déjà trop orageuse ; rien n'était plus éloigné de nos intentions. Nous déclarons que nous sommes et voulons être toujours profondément et consciencieusement soumis à l'Autorité. Mais, nous déclarons aussi que nous ne reconnaissons à personne qu'à Elle seule le droit d'expliquer, de commenter ses arrêts ; à personne surtout le droit de les exagérer, de les dénaturer. C'est pour cela que nous avons été révoltés de voir insulter et outrager indignement la vie, la mort, la mémoire d'un prêtre respectable auquel nous unissent des liens aussi chers que sacrés.

Et maintenant que nous avons acquitté notre dette de conscience, de famille et d'amitié, nous ne demandons pas mieux que de rentrer dans le silence et la tranquillité de nos habitudes ; à condition toutefois qu'on respectera nos vénérables et bien aimés défunts, et qu'on ne viendra pas incriminer gratuitement et injustement nos actes et nos intentions.